Die

Staatskonkurs-Aufgaben

im Jahre

1888.

I. Aufgabe
aus dem bürgerlichen Rechte.

I.

Der Gasthofbesitzer A in X erhielt am 28. September 1888 durch die Post einen Handkoffer des Reisenden B mit einem Briefe des letzteren, worin B ihm mitteilte, er werde am nächstfolgenden Tage mit dem Abendzuge eintreffen, und um Bereithaltung eines Zimmers ersuchte. A bestimmte für B ein Zimmer und ließ den Handkoffer in dasselbe stellen. Da aber B am 29. September nicht eintraf und mit dem Abendzuge viele andere Gäste angekommen waren, so vergab A das Zimmer an einen von diesen. Der Handkoffer des B wurde in die auf der nämlichen Flur befindliche Kammer des Zimmermädchens verbracht. Am 30. September kurz vor Mitternacht kam B an, A konnte ihn aber nicht aufnehmen, weil sein Haus ganz besetzt war. B fand in einem anderen Gasthause Unterkommen und schickte am nächsten Morgen den Hausknecht des letzteren, um seinen Handkoffer zu holen. Einige Minuten ehe der Hausknecht kam, wurde der Handkoffer von einem Schneidergesellen, welcher einem Gaste einen zum Ausbessern gegebenen Rock zurückgebracht hatte, aus der offenstehenden Kammer des Zimmermädchens gestohlen. B verlangt nun von A Schadenersatz. Ist sein Anspruch begründet?

II.

Der Privatier A in W hat vom 1. März 1883 an die in seinem Hause zu ebener Erde gelegene Wohnung auf 10 Jahre um den Preis von 780 ℳ jährlich an K vermietet. Am 26. Oktober 1886 verkaufte A das Haus um 45,000 ℳ an B, wobei für einen mit 4% jährlich zu verzinsenden Kaufschillingsrest von 19,000 ℳ Hypothek zu Gunsten des A auf dem Anwesen eingetragen wurde. Da B mit der Zinsenzahlung im Rückstande blieb, erwirkte A am 16. Mai 1888 die Beschlagnahme des Anwesens zum Zwecke der Zwangsversteigerung. Die Versteigerung fand am 3. August statt und A erhielt hiebei als Meistbietender den Zuschlag. Derselbe beabsichtigt nun in dem Hause, um das Erträgnis desselben zu erhöhen, Läden einzurichten und hat deshalb den K am 1. September 1888 für den 1. März 1889, den nächsten ortsüblichen Termin, gekündet. K will die Kündigung nicht gelten lassen, weil er die Wohnung bis zum 1. März 1893 zu behalten berechtigt sei. Wie ist zu entscheiden?

Hätte der Käufer B bei im Übrigen gleicher Sachlage dem K die Wohnung am 1. Oktober 1887 für den 1. März 1888 kündigen können?

Gesetzt, A und K hätten seinerzeit vereinbart, daß der zwischen ihnen abgeschlossene Mietvertrag in das Hypothekenbuch eingetragen werden solle, wäre ein solcher Eintrag zulässig und welche Bedeutung würde demselben beizulegen sein, falls der Käufer B dem K am 1. März 1887 gekündet und die Räumung der Wohnung für den 1. Oktober 1887 verlangt hätte?

Angenommen, der Mieter K habe gegen den Vermieter A vor der Veräußerung des Hauses eine Forderung erworben, welche ihn zur Aufrechnung gegen den Anspruch des A auf Zahlung des Mietzinses berechtigt, kann K diese Forderung einredeweise auch gegenüber dem am 1. März 1887 fälligen Mietzinsanspruche des Käufers B geltend machen?

III.

A hat von B ein Darlehen von 2000 ℳ erhalten und für diese Forderung dem B auf seinem Anwesen Hypothek bestellt. A stirbt und wird von J beerbt, welcher die Erbschaft mit der Rechtswohlthat des Inventars antritt. Das rechtzeitig aufgenommene Inventar ergibt, daß der Rücklaß um ein Fünftel überschuldet ist und auf die Forderung des B nur 1600 ℳ treffen, welche J dem B alsbald übersendet. B ist hiemit nicht zufrieden und verlangt auch die Bezahlung der fehlenden 400 ℳ, weil die Rechtswohlthat des Inventars für Hypothekschulden nicht gelte. J lehnt jedoch jede weitere Zahlung ab, weil die Forderung und mit ihr die Hypothek durch die Rechtswohlthat des Inventars auf die bereits bezahlten 1600 ℳ sich beschränkt habe. Wie ist zu entscheiden?

Bei der Bearbeitung sind neben den Reichsgesetzen das Gemeine Recht und die für das ganze Gebiet desselben in Bayern geltenden Landesgesetze zu Grunde zu legen. Die Entscheidungen sind zu begründen.

II. Aufgabe
aus dem bürgerlichen Rechte.

I.

A hatte von dem Bereiter B ein Pferd zu einem Spazierritte geliehen erhalten. C der den A in Verlegenheit bringen wollte, schoß in unmittelbarer Nähe des Pferdes eine Pistole ab. Dieses ist hiedurch scheu geworden, überstürzte sich und brach ein Bein. Welcher der genannten Personen steht Klage auf Ersatz des Schadens zu und gegen wen?

Wie ist dieselbe Frage zu beantworten, wenn das von A bei B entliehene Pferd von einem Fluge zahmer Tauben, welche der Eigentümer C zur Saatzeit gegen polizeiliches Verbot hätte ausfliegen lassen, erschreckt den Reiter abwarf und dieser sich den Arm brach, während das Pferd querfeldein davonsprengte und in einen in der Nähe befindlichen Steinbruch stürzte, in dem es tot liegen blieb?

II.

A hatte erfahren, daß B einen Schmuck im Werte von mindestens 300 ℳ um 240 ℳ von einer ihm nicht bekannten Frau gekauft, und den Plan gefaßt, durch Täuschung des B den Schmuck wohlfeil an sich zu bringen. Zu diesem Behufe spiegelte er dem B vor, der Schmuck sei gestohlen, B werde denselben ohne Ersatz des Kaufpreises herausgeben müssen und, wenn man den Schmuck bei ihm finde, wegen Hehlerei in Untersuchung gezogen werden. Hiedurch gelang es ihm, den B zu bewegen, daß er ihm den Schmuck gegen Bezahlung von 100 ℳ überließ, worauf er mit demselben der C ein Geschenk machte. Einige Monate später gab die C in Geldverlegenheit den Schmuck dem D für ein Darlehen von 100 ℳ zum Faustpfande. B sah den Schmuck bei D gab demselben Kenntnis von dem ihm durch A gespielten Betruge und löst den Schmuck durch Bezahlung von 100 ℳ aus. Nun verlangt die C von B Herausgabe des Schmuckes, der ihr Eigentum sei. B verweigert die Herausgabe, weil der Schmuck ihm durch Betrug abgenommen worden sei, und fordert von der C Ersatz der 100 ℳ, welche er behufs Tilgung ihrer Schuld an D bezahlt habe. Die C glaubt ihm nichts schuldig zu sein, weil er die von A erhaltenen 100 ℳ sich anrechnen müsse. Wie ist zu entscheiden?

III.

a) Der Bierbrauereibesitzer P in M hat von dem Kaufmann O in X 80 Zentner Gerste, den Zentner zu 7 ℳ 40 ₰ gekauft. Die Gerste sollte in der Zeit vom 1. bis 6. September 1888 geliefert werden und die Zahlung des Kaufpreises eine Woche nach Empfang der Waare erfolgen. Nachdem die Gerste am 12. September noch nicht eingetroffen und eine an O gerichtete Mahnung unbeantwortet geblieben war, wurde O auf die Klage des P von dem Landgerichte in X am 22. Oktober 1888 zur Übergabe der verkauften Gerste verurteilt. Das Urteil, gegen welches ein Rechtsmittel nicht eingelegt wurde, erlangte die Rechtskraft. Da O auch jetzt noch nicht freiwillig leistete, beauftragte P den Gerichtsvollzieher M in X mit der Vornahme der Zwangsvollstreckung, worauf M am 28. November in Abwesenheit des O unter Zuziehung der erwachsenen Tochter desselben aus dem Warenlager des O 80 Zentner Gerste wegnahm und dieselbe dem P überlieferte, der sofort den vereinbarten Kaufpreis an O sandte. Am 30. November erhielt P einen Brief des Gutsbesitzers D in X, worin dieser die Rückgabe der Gerste verlangte, weil dieselbe ihm gehöre und von ihm aus Mangel an eigenem Raum dem O zur Aufbewahrung gegeben worden sei. P erwiderte hierauf, dies gehe ihn nichts an, da das Eigentum des D an der Gerste, selbst wenn dasselbe bestand, nunmehr unter allen Umständen nach den im Handelsverkehre geltenden Rechtsgrundsätzen als erloschen zu betrachten sei. Wie ist zu entscheiden?

b) Auf dem Anwesen des Bauern K zu R ist für eine Forderung des A gegen K von 1200 ℳ Hypothek an zweiter Stelle eingetragen. Am 15. Juli 1888 zahlte hieran K den Betrag von 700 ℳ an A zurück. Die Löschung im Hypothekenbuche unterblieb, weil K ohnehin in der nächsten Zeit auch den Rest der Forderung zurückzuzahlen beabsichtigte. Mittlerweile hatte B gegen A ein vollstreckbares Urteil wegen einer Forderung von 1400 ℳ erwirkt, auf Grund dessen durch Beschluß des Amtsgerichts Z vom 16. Juli die dem A gegen K zustehende Hypothekenforderung gepfändet und dem B zur Einziehung überwiesen wurde. Der Pfändungsbeschluß wurde dem K am 17. Juli zugestellt und am 19. Juli wurde die Pfändung in das Hypothekenbuch eingetragen. K zahlte daraufhin 500 ℳ an B, verweigert aber jede Mehrleistung. Ist diese Weigerung begründet?

Wie wäre zu entscheiden, wenn die gepfändete Forderung dem B an Zahlungsstatt überwiesen worden wäre und B gegen K auf Bezahlung der restigen 700 ℳ Klage erhoben hätte? —

Bei der Bearbeitung sind neben den Reichsgesetzen das Gemeine Recht und die für das ganze Gebiet desselben in Bayern geltenden Landesgesetze zu Grunde zu legen. Die Enscheidungen sind zu begründen.

I. Aufgabe

aus dem Handels-, Wechsel- und Konkursrechte.

1. Der Kaufmann A in X hat am 10. Oktober 1888 von dem Kaufmanne B in Y den Auftrag erhalten, für Rechnung des B 20 Ballen Xer Prima-Hopfen um höchstens 105 ℳ für den Ballen zu kaufen. Am 15. Oktober hat A

dem B angezeigt, er habe den Auftrag bestens ausgeführt, aber, um wirklich vorzügliche Ware zu erhalten, 112 ℳ für den Ballen geben müssen und zweifle nicht, daß B zufrieden sein werde. Der Hopfen ging einige Stunden nach Absendung der Anzeige mit der Eisenbahn ab. Auf der Fahrt durch das Gebirge wurde der Zug von einem Erdsturze erfaßt und der Wagen, in welchem der Hopfen verladen war, in den neben der Bahn hinlaufenden tiefen Fluß hinabgestürzt. A hat von dem Unglücksfalle sofort telegraphische Nachricht erhalten und daraufhin an B telegraphiert, er sei für den Fall, daß B die Überschreitung des festgesetzten Preises beanstanden sollte, bereit, den Mehrbetrag auf sich zu nehmen. Das Telegramm kam noch vor der Anzeige vom 15. Oktober bei B an. Vor dem Eintreffen der letzteren hatte aber auch B von dem Unglücksfalle erfahren. B antwortete auf die Anzeige sofort, er betrachte die von A, der ihm gegenüber als Verkäufer erscheine, erst nach dem Untergange des Hopfens aufgegebene telegraphische Erklärung als verspätet und verweigere der angeblichen Ausführung des Auftrages die Anerkennung. Darüber, daß ein Preis von 105 ℳ den Marktpreis nicht überstieg, sind A und B einig. Wie ist zu entscheiden?

2. A, welcher von B 1000 ℳ zu fordern hatte und an C und D je 1000 ℳ schuldete, hat, um sich vor dem Drängen der letzteren zu schützen, auf B zwei am 27. Nov. 1888 fällige Wechsel, den einen an die Ordre des C, den andern an die Ordre des D gezogen und sie zahlungshalber an diese gegeben. C hat seinen Wechsel um 990 ℳ an E indossiert, welcher ihn am Zahlungstage präsentierte. B erklärte sich bereit, die Wechselsumme zu zahlen, und gab E eine Anweisung für 1000 ℳ auf F, damit er sich von diesem das Geld auszahlen lasse. E begab sich sofort auf den Weg zu F, trat aber im Vorübergehen auf einen Augenblick in sein eigenes Komptoir und erhielt dort von seinem Prokuristen den zweiten Wechsel, welchen dieser dem D für 992 ℳ diskontiert und D an E indossiert hatte. Er erachtete A

und D für unsicher, kehrte, nachdem er bei F die 1000 ℳ erhoben hatte, zu B zurück und legte ihm beide Wechsel mit der Erklärung vor, er wolle, falls B nicht auf beide Zahlung leisten sollte, die empfangene Zahlung für den zweiten gelten lassen, weil dieser weniger sicher sei als der erste. B erwiderte, er sei dem A nur 1000 ℳ schuldig und könne deshalb nur einen Wechsel einlösen, es sei ihm aber gleichgiltig, auf welchen E die Quittung setze. E händigte ihm den zweiten Wechsel aus, nachdem er die Quittung auf denselben gesetzt hatte, ließ noch am 27. November den ersten Wechsel protestieren und verlangt jetzt (3. Dezember) von C die Regreßsumme. C wendet ein, der Wechsel sei durch die geleistete Zahlung, welche B und E nicht hätten rückgängig machen können, getilgt. Wie ist zu entscheiden?

Hätte es Einfluß auf die Entscheidung, wenn E zuerst das Geld bei F erhoben und dann erst erfahren hätte, daß auch der zweite Wechsel an ihn indössiert worden war? Gesetzt, E ließe sich in diesem Falle durch die Einwendung des C bestimmen, die Zahlung für den ersten Wechsel gelten zu lassen, welche Rechte hätte er gegen A und D?

Neben den Reichsgesetzen haben die Kandidaten, welche die Prüfung in den Landesteilen rechts des Rheins ablegen, das Gemeine Recht mit den für das ganze Gebiet desselben in Bayern geltenden Landesgesetzen, die Kandidaten, welche die Prüfung in der Pfalz ablegen, das dort geltende Recht anzuwenden. Die Entscheidungen sind zu begründen.

II. Aufgabe
aus dem Handels-, Wechsel- und Konkursrechte.

1. A und B haben in X unter der Firma A und B in offener Handelsgesellschaft eine Seifenfabrik betrieben und für ihre Seifen im Januar 1880 ein aus Figuren bestehendes Warenzeichen eintragen lassen. Ende August 1888 kamen A und B überein, daß die Gesellschaft am 1. Oktober 1888 aufgelöst sein, A das Geschäft mit Aktiven und Passiven

übernehmen und dem B für seinen Anteil einen bestimmten Prozentsatz des buchmäßigen Wertes bezahlen solle. A, welcher das Warenzeichen der Gesellschaft für sich benützen wollte, ließ bereits am 27. September seine Firma „Seifenfabrik A" und als Warenzeichen derselben für seine Seifen das bisherige Warenzeichen der Gesellschaft eintragen. Am 2. Oktober wurde die Auflösung der Gesellschaft eingetragen und das für sie eingetragene Warenzeichen gelöscht. Inzwischen hatte am 16. August 1888 der Seifenfabrikant C in Y für seine Seifen ein Warenzeichen eintragen lassen, welches mit dem des A leicht zu verwechseln ist. A erhebt nunmehr gegen C Klage mit dem Antrage, denselben für nicht berechtigt zu erklären, dieses Warenzeichen zu gebrauchen. C beruft sich darauf, daß sein Warenzeichen früher eingetragen sei, als das des A, und stellt mittels Widerklage den Antrag, dem A den Gebrauch des letzteren zu untersagen.

Wie ist zu entscheiden?

2. Der Antiquitätenhändler A in X hat von dem in Y, 120 Km von X entfernt, wohnenden Gutsbesitzer B eine kostbare alte Porzellanvase mit dem Auftrage erhalten, sie für B's Rechnung zu verkaufen. Ehe A den Auftrag ausführen konnte, wurde er von B angewiesen, die Vase zurückzusenden, weil B vornehmen Besuch habe und bei dieser Gelegenheit sie vorteilhaft verkaufen zu können hoffte. A entschloß sich, die Vase persönlich nach Y zu bringen, wofür er dem B nicht aufzurechnen gedachte, und sich dadurch Gelegenheit zu verschaffen, dem vornehmen Besuche mehrere ihm gehörige ausgesuchte Altertümer zum Kaufe anzubieten. Er packte die Vase und seine Altertümer in einen Handkoffer, fuhr mit der Eisenbahn nach Z und nahm dort den am Bahnhofe bereitstehenden Einspänner des C zur Fahrt nach Y. C betreibt das Lohnfuhrwerk in Z seit mehreren Jahren und hat sich nie unverlässig erwiesen. Auf der Fahrt nach Y aber kam er, als er einem Lastwagen ausweichen mußte, aus Unachtsamkeit zu nahe an den Rand der Straße, der Wagen geriet auf die steile Böschung und fiel hinunter, A stürzte mit dem

Handkoffer, den er neben sich auf dem Sitze stehen hatte, heraus und die Vase ging in Trümmer. Nun verlangt B von A Schadenersatz, wofür er diesen schon aus dem Grunde haftbar machen zu können glaubt, weil A sich durch sein eigenes Interesse habe bestimmen lassen, die Vase nicht mit der Post zu senden, wodurch sie vor dem Unglücke bewahrt worden wäre. A lehnt jede Verpflichtung ab, weil ihn keine Schuld treffe. Wie ist zu enscheiden?

3. Der Kaufmann A in X hat am 20. November 1888 bei dem Kaufmanne B in Y 10 Faß Petroleum bestellt und dabei mit B vereinbart, daß die Zahlung drei Monate nach der Lieferung erfolgen sollte. B, welcher 10 Faß Petroleum bei dem Spediteur C in Z lagern hatte, teilte A mit, das Petroleum werde ihm durch C zugehen, und wies diesen an, dasselbe an A nach X abzusenden. A hatte vor Abschluß des Geschäftes mit B 6 Faß Petroleum an D in V und 4 Faß an E in W verkauft und kam mit ihnen überein, daß jeder von ihnen einen von A über den Kaufpreis auf ihn gezogenen Wechsel acceptieren sollte, sobald er von C die Nachricht von der Absendung des Petroleums erhielte. Demgemäß ersuchte A den C, von dem Petroleum 6 Faß an D und 4 Faß an E zu senden und beide von der Absendung zu benachrichtigen. C ordnete am 26. November die Absendung an und teilte gleichzeitig D, E und A mit, daß sie erfolgt sei. Infolge eines Versehens seines Magazinverwalters, welcher die getroffene Anordnung vergaß, blieb aber das Petroleum unberührt im Magazin liegen. Auf die Nachricht von der Absendung desselben haben D und E die Wechsel des A acceptiert, und dieser hat sie sofort begeben. Ehe C bemerkte, daß seine Anordnung wegen Absendung des Petroleums nicht ausgeführt worden war, wurde am 30. November der Konkurs über das Vermögen des A eröffnet. Das Petroleum ist an den Konkursverwalter abgeliefert worden, welcher dasselbe für die Masse in Anspruch nimmt, weil es dem A gehöre; B beansprucht es für sich, weil es weder bezahlt, noch abgeliefert sei; D und E glauben bessere Rechte

als die Masse und B zu haben, weil C ihnen die Lieferung zugesichert habe und die auf Anweisung von A und B erfolgte Zusicherung für beide bindend sei.

Wie ist zu entscheiden?

Neben den Reichsgesetzen haben die Kandidaten, welche die Prüfung in den Landesteilen rechts des Rheins ablegen, das Gemeine Recht mit den für das ganze Gebiet desselben in Bayern geltenden Landesgesetzen, die Kandidaten, welche die Prüfung in der Pfalz ablegen, das dort geltende Recht anzuwenden. Die Entscheidungen sind zu begründen.

I. Aufgabe
aus dem Zivilprozeßrechte.

1. Das Amtsgericht M hat am 28. März 1888 ein vorläufig vollstreckbares Urteil erlassen, in welchem B für schuldig erklärt wurde, an A 100 ℳ Hauptsache zu bezahlen und die Kosten zu tragen.

Am 30. März 1888 sind die dem A aus diesem Urteile zustehenden Ansprüche wegen einer ihren Betrag übersteigenden Forderung des C gepfändet und dem letzteren zur Einziehung überwiesen worden.

Am 31. März 1888 ist B gestorben und, wie bei dem Amtsgerichte M offenkundig ist, von seinem einzigen Sohne D beerbt worden.

C möchte nun die Rechtskraft des Urteils vom 28. März 1888, welches B nicht mehr zugestellt wurde, herbeiführen, dasselbe vollstrecken und die Kosten festsetzen lassen.

Welche Schritte hat er zu diesem Zwecke zu thun?

2. Das Amtsgericht M hat am 2. November 1888 zu gunsten einer A gegen B zustehenden, bei dem Landgerichte N rechtshängigen Forderung im Betrage von 1000 ℳ den Arrest auf die in M befindliche bewegliche Habe des B angeordnet, und A hat am gleichen Tage im Vollzuge dieses ihm vorschriftsgemäß zugestellten Arrestbeschlusses ein Pferd des B pfänden lassen, welches sich im Stalle des zur Heraus-

gabe bereiten C befand. Am 9. November 1888 hat A, welcher infolge eines irrigen Gerüchtes der Meinung war, B sei unbekannten Aufenthaltes, während derselbe sich noch in seiner früheren Wohnung in M aufhielt, bei dem Amtsgerichte M die öffentliche Zustellung des Arrestbeschlusses beantragt. Am 12. November 1888 ist B wegen einer ihm drohenden Strafverfolgung flüchtig gegangen, und am 14. November 1888 hat das Amtsgericht M auf Grund dieser Thatsache dem Gesuche des A entsprochen und die öffentliche Zustellung des Arrestbeschlusses bewilligt. Am 15. November 1888 ist beglaubigte Abschrift des Arrestbeschlusses an der Gerichtstafel angeheftet, und am 16. November 1888 über das Vermögen des B der Konkurs eröffnet worden.

Der Konkursverwalter erachtet nun die Pfändung des Pferdes für unwirksam, weil die zur Vollziehung des Arrestes erforderliche Zustellung des Arrestbeschlusses nach der Konkurseröffnung nicht mehr rechtswirksam erfolgen könne, die Zustellung an den Gemeinschuldner aber jedenfalls verspätet sei, und beansprucht das gepfändete Pferd für die Konkursmasse.

Auf welchem Wege kann der Konkursverwalter eine Entscheidung herbeiführen, und wie hat dieselbe zu lauten?

Neben den Reichsgesetzen haben die Kandidaten, welche die Prüfung in den Landesteilen, rechts des Rheins ablegen, das Gemeine Recht mit den für das ganze Gebiet desselben in Bayern geltenden Landesgesetzen, die Kandidaten, welche die Prüfung in der Pfalz ablegen, das dort geltende Landesrecht anzuwenden. Die Entscheidungen sind zu begründen.

II. Aufgabe
aus dem Zivilprozeßrechte.

1. Der Amtsrichter X ist, nachdem er ein vorläufig vollstreckbares Urteil verkündet hatte, gestorben, ehe er den Thatbestand und die Entscheidungsgründe ausarbeiten konnte. Der Gerichtsschreiber hat der von X unterzeichneten, dem fertig gestellten Sitzungsprotokolle als Anlage beigefügten Urteils-

formel den Verkündungsvermerk beigesetzt und der obsiegenden Partei vollstreckbare Ausfertigung erteilt.

Ist dieses Verfahren gerechtfertigt? Gesetzt, es sei nicht gerechtfertigt, wie kann sich die verurteilte Partei gegen die drohende Zwangsvollstreckung schützen?

2. Der Amtsrichter Y hat ein vorläufig vollstreckbares Urteil verkündet, welches den Beklagten für schuldig erklärte, an den Kläger die Hauptsache zu bezahlen und die Kosten zu tragen, dagegen den Anspruch des Klägers auf Zinsen zurückwies. Bei Abfassung des Urteils unterließ Y das Sitzungsprotokoll, welches die Urteilsformel in der verkündeten Fassung enthielt, einzusehen, und brachte, da er der Meinung war, er habe bezüglich der Zinsen zu gunsten des Klägers erkannt, ein Urteil zu den Akten, welches den Beklagten auch zur Zahlung von Zinsen für schuldig erklärte. Der Gerichtsschreiber setzte diesem letzteren Urteile den Verkündungsvermerk bei und erteilte dem Kläger vollstreckbare Ausfertigung, welche dem Beklagten zugestellt wurde. Hierauf stellte der letztere schriftlich an das Gericht das Gesuch, dasselbe wolle das Urteil im Sinne des Sitzungsprotokolles berichtigen und die dem Kläger erteilte vollstreckbare Ausfertigung zurückfordern. Der Amtsrichter Y wies jedoch dieses Gesuch ab, da der Fall des § 290 der Zivilprozeßordnung nicht gegeben, und er nach Erteilung einer vollstreckbaren Ausfertigung nicht mehr in der Lage sei, sein Versehen zu verbessern. Ist diese Entscheidung gerechtfertigt? Gibt es ein Mittel, durch welches der Beklagte die Berichtigung erwirken und sich vor der drohenden Vollstreckung schützen kann?

3. A und B, welche beide die Erbschaft des O für sich in Anspruch nehmen, haben vereinbart, daß ihre Erbschaftsstreitigkeiten ausschießlich beim Gerichte M zum Austrage gebracht werden sollen. Später erfuhr A, daß C sich ebenfalls Erbrechte zuschreibe, und einen Teil der Erbschaft besitze, und erhob gegen diesen in dessen allgemeinem Gerichtsstande, bei dem Gerichte N, Klage. B macht nun seine Erbrechte in einer gegen A und C gerichteten Klage bei dem Gerichte N geltend.

A bestreitet, daß B gegen ihn vor einem anderen Gerichte als M klagend auftreten könne, und C behauptet, aus dem nämlichen Grunde könne A auch gegen ihn die Klage nicht erheben, da nach § 61 der Zivilprozeßordnung nur eine gegen beide Streitsteile gerichtete Klage zulässig sei.

Wie ist zu entscheiden?

4. A hat gegen B eine Mietzinsforderung von 100 ℳ eingeklagt, und B unter Bestreitung der Klagsbehauptungen im Wege der Aufrechnung und Widerklage eine Darlehensforderung von 100 ℳ geltend gemacht. Nachdem das Beweisverfahren die Richtigkeit der Klagsbehauptungen ergeben hatte, während über die Darlehensforderung noch keine Entscheidung getroffen werden konnte, erließ das Gericht folgendes

„Zwischenurteil“:

I. Es wird festgestellt, daß der Beklagte dem Kläger 100 ℳ Mietzins schuldig geworden ist.

II. Die Widerklage wird abgewiesen.

III. Zur weiteren Verhandlung wird Termin auf . . . anberaumt.“

In den Gründen war gesagt:

Es stehe fest, daß der Beklagte dem Kläger 100 ℳ Mietzins schuldig geworden sei. Wenn daher auch das weitere Verfahren die Begründetheit der Gegenforderung des Beklagten ergeben sollte, so könne zwar die Klage abgewiesen, niemals aber der Widerklage stattgegeben werden. Deshalb sei in dem Zwischenurteile zugleich mit der Feststellung der klägerischen Forderung auch die Zurückweisung der Widerklage ausgesprochen worden.

Ist diese Entscheidung gerechtfertigt?

Ist gegen dieselbe ein Rechtsmittel zulässig?

Neben den Reichsgesetzen haben die Kandidaten, welche die Prüfung in den Landesteilen rechts des Rheins ablegen, das Gemeine Recht mit den für das ganze Gebiet desselben in Bayern geltenden Landesgesetzen, die Kandidaten, welche die Prüfung in der Pfalz ablegen, das dort geltende Landrecht anzuwenden. Die Entscheidungen sind zu begründen.

I. Aufgabe
aus dem Strafrechte.

I. Der Bauer Georg Huber hatte vor sechs Jahren auf der Landstraße eine goldene, mit Edelsteinen besetzte Uhr gefunden und, ohne von dem Funde Anzeige zu erstatten, für sich behalten. Am 15. Oktober 1888 schickte Georg Huber diese Uhr an seinen als Privatmann in Regensburg wohnenden Vater Peter Huber mit dem Auftrage, letzterer solle die Uhr, weil an dem Werke etwas fehle, bei einem Uhrmacher ausbessern lassen und sodann unter Nachnahme der Kosten dem Absender wieder zurückschicken. Statt diesen Auftrag auszuführen, bot Peter Huber, welcher wohl wußte, wie sein Sohn Georg in den Besitz der Uhr gelangt war, letztere dem Tändler Z in Regensburg zum Kaufe an. Auf die Frage des Z, wie er denn zu dieser Uhr komme, erwiderte Peter Huber, daß er die Uhr vor sechs Jahren einmal gefunden habe. Darauf bot Z, welcher sah, daß die Uhr einen Wert von wenigstens 1000 ℳ habe, dem Peter Huber einen Kaufpreis von 500 ℳ. Peter Huber war mit diesem Angebote zufrieden, ließ dem Z die Uhr und verbrauchte die 500 ℳ für sich.

Die Sache gelangte zur Kenntnis der Behörde und die angestellten Ermittelungen ergaben, daß die Uhr vor sechs Jahren von dem inzwischen verstorbenen Grafen von P verloren worden war.

Gegen welche Personen und wegen welcher strafbaren Handlungen hat die Staatsanwaltschaft die öffentliche Klage zu erheben?

II. Mit Erlaß vom 1. Mai 1888 hat der Reichkanzler auf Grund des § 14 des Reichsgesetzes über die Presse vom 7. Mai 1874 die fernere Verbreitung der illustrierten Zeitung „Puck“, einer zu New-York in deutscher Sprache erscheinenden periodischen Druckschrift, im Reichsgebiete auf die Dauer von zwei Jahren verboten. Die Bekanntmachung des Verbots ist in der am 5. Mai 1888 ausgegebenen Nummer des Zentralblattes für das Deutsche Reich erfolgt.

Der Fabrikarbeiter K in Nürnberg, welcher von einem in New-York lebenden Bruder öfters Nummern der vorerwähnten Zeitung zugeschickt erhielt, hat am 15. Juni 1888 aus der in New-York am 16. Mai ds. Js. erschienenen Nummer des „Puck" mehrere Artikel in einer Bierwirtschaft zu Nürnberg in Gegenwart von zwölf Gästen vorgelesen, sodann die ebengenannte und die am 12. April 1888 erschienene Nummer jener Zeitung dem Wirte der vorerwähnten Wirtschaft auf dessen Ersuchen zu dem Zwecke ausgehändigt, damit der Wirt diese Blätter mehreren seiner Stammgäste zum Lesen geben könne, endlich am 18. Juni 1888 die am 16. Mai und 30. Mai 1888 ausgegebenen Nummern des „Puck" in die Fabrik, in welcher er in Arbeit steht, mitgebracht, vor den Augen der mit ihm in demselben, für das Publikum nicht zugänglichen Arbeitsraume beschäftigten Arbeiter, zwanzig an der Zahl, unter der Erklärung, daß, wer sich etwa für die Blätter interessiere, sie lesen könne, auf einen in dem Arbeitsraume befindlichen Tisch niedergelegt und während der vormittägigen Arbeitszeit dort liegen lassen. Daß von der Einladung zum Lesen der Blätter seitens eines oder mehrerer der Arbeitsgenossen des K Gebrauch gemacht worden, konnte nicht nachgewiesen werden. Auch macht K in glaubhafter Weise geltend, daß er von dem wider die Zeitung „Puck" ergangenen Verbote des Reichskanzlers keine Kenntnis gehabt habe.

Ist K strafbar und, wenn ja, auf Grund welcher gesetzlichen Bestimmungen?

III. Die Witwe Anna M hat am 1. März 1888 von dem Lehrer Robert L ein Pianino um 400 ℳ gekauft und übergeben erhalten. An dem Kaufpreise wurde der Betrag von 200 ℳ sofort bezahlt, der Rest wurde bis zum 1. Oktober 1888 gestundet. Am 27. Oktober 1888 wurde dieses Pianino in der Wohnung der M durch den Gerichtsvollzieher X für eine dem Z laut vollstreckbaren Urteils gegen die M zustehende Forderung von 300 ℳ gepfändet. Am 1. November kam Anna M zu Robert L und machte demselben den Vorschlag, er möge, da sie die Restzahlung zu leisten nicht imstande sei, das Pianino, von dessen Pfändung sie absichtlich keine Erwähnung that, gegen Rückerstattung der Anzahlungssumme wieder zurücknehmen. L ging auf diesen Vorschlag ein, behändigte sofort der M die angezahlten 200 ℳ und ließ am 2. November das Pianino durch 2 Dienstmänner bei der M abholen und in seine Wohnung schaffen. Erst tags darauf bemerkte er, daß an dem Pianino ein mit dem Siegel des Gerichtsvollzieher X versehener Vermerk angeheftet war, inhaltlich dessen der genannte Gerichtsvollzieher das Pianino am 27. Oktober gepfändet hatte. Als nunmehr Robert L von Anna M die 200 ℳ zurückforderte, erklärte letztere, sie hätte nichts mehr von dem Gelde und könne keinen Pfennig zahlen; L solle nur das Pianino behalten, es wisse ja niemand, das er dasselbe habe. Robert L behielt daraufhin das Pianino bei sich, bis es ihm am 5. Dezember 1888 von dem Gerichtsvollzieher X, der durch einen der bei dem Transporte verwendeten Dienstmänner von dem Sachverhalte Kenntnis erlangt hatte, abgefordert wurde.

Wie sind die Handlungen der Anna M und des Robert L strafrechtlich zu beurteilen?

Die Beantwortungen der Fragen sind unter Anführung der einschlägigen gesetzlichen Bestimmungen kurz zu begründen.

II. Aufgabe
aus dem Strafrechte.

I. Der Landwirt L hatte ein Pferd, das ihm viele Jahre treffliche Dienste geleistet hatte, nunmehr aber altersschwach und zur Arbeit unfähig geworden war. Er mochte das Tier nicht länger unnütz in seinem Stalle haben, wollte aber auch nicht, daß dasselbe noch zur Arbeit gequält werde, und schenkte es deshalb dem Forstarbeiter G, mit der Auflage, daß dieser das Pferd sofort schlachte. Damit G nicht trotz dieser Auflage das Pferd verhandle, brannte L in einen Huf des Tieres die Anfangsbuchstaben seines Namens, A. L, ein und verlangte, daß ihm G nach der Abschlachtung den gestempelten Huf zusende. G erklärte sich damit einverstanden und führte das Pferd mit sich fort.

Unterwegs auf der Landstraße traf G mit einem Hausierer zusammen, welcher an seinen Wagen ein lahmes Pferd gespannt hatte. Beide setzten eine Strecke weit ihren Weg gemeinsam fort. Kurz ehe sie sich trennten, schlug der Hausierer dem G einen Pferdetausch vor. G erwies sich diesem Vorschlage gegenüber nicht abgeneigt und der Tauschhandel kam in der Weise zustande, daß G von dem Hausierer eine Tauschaufgabe von 15 Mark ausbezahlt erhielt. G schlachtete nun das eingetauschte Pferd, brannte in einen Huf desselben die Buchstaben A. L ein und überbrachte Tags darauf diesen Huf dem L mit der Erklärung, daß er „das Pferd" bereits geschlachtet habe.

Gegen G wird auf Grund dieses Sachverhalts öffentliche Klage wegen eines Vergehens der Urkundenfälschung gemäß § 268 Ziff. 1 des Strafgesetzbuchs im rechtlichen Zusammenflusse mit einem Vergehen des Betrugs erhoben. Ist die Anklage begründet?

II. Durch rechtskräftiges Urteil des Schöffengerichts bei dem Amtsgerichte X vom 7. August 1888 ist der Dienstknecht A wegen eines Vergehens des Diebstahls zu 8 Tagen Gefängnis verurteilt worden, weil er für überführt erachtet wurde, am 2. Juli 1888 aus dem Bierkeller des Brauers M seines Dienstherrn, ein Fäßchen Bier zu 30 Liter im Werte von 6 ℳ entwendet zu haben. Im Oktober 1888 wurde entdeckt, daß A in der Zeit von Anfang März bis zum 2. Juli 1888 zu verschiedenen Malen in fortgesetzter Ausführung eines verbrecherischen Entschlusses aus demselben Bierkeller des M je ein Fäßchen Bier zu 25 bis 30 Liter und auf diese Weise im ganzen etwa 400 Liter Bier im Werte von 80 ℳ in der Absicht rechtswidriger Zueignung weggenommen hatte.

Der Staatsanwalt hat deshalb gegen A öffentliche Klage

wegen eines fortgesetzten Vergehens des Diebstahls erhoben. Durch Beschluß der zuständigen Strafkammer vom 4. Dezbr. 1888 wurde jedoch die Eröffnung des Hauptverfahrens abgelehnt, weil „die von dem Angeschuldigten A von Anfang März bis zum 2. Juli 1888 verübten Diebstahlsakte nicht selbständig neben einander ausgeführt worden seien, sondern durch die Einheit des verbrecherischen Willens und durch ihre äußere Erscheinung in einem ununterbrochenen inneren Zusammenhange stehen und sich demnach nur als eine fortgesetzte Strafthat darstellen, welche mit der am 2. Juli 1888 erfolgten Entwendung des Fäßchen Bier zu 30 Liter ihren Abschluß gefunden habe und, nachdem der Angeschuldigte A hiewegen bereits rechtskräftig abgeurteilt sei, nicht zum Gegenstand einer erneuten Strafverfolgung gemacht werden könne, wobei der Umstand rechtlich belanglos sei, daß das schöffengerichtliche Urteil vom 7. August 1888 nur ein einfaches, nicht ein durch mehrere Fortsetzungshandlungen verübtes Diebstahlsvergehen zum Gegenstande hatte."

Ist die Anschauung der Strafkammer für zutreffend zu erachten? Bei der Beantwortung soll die Beurteilung des gegebenen Sachverhältnisses, wonach die mehreren diebischen Akte des A als an sich unselbständige Ausführungsakte einer fortgesetzten Strafthat erachtet worden sind, als rechtlich unanfechtbar zugrunde gelegt werden.

III. Der Taglöhner N ist in der Nacht vom 15. auf 16. Oktober ds. Js. über die Umfassungsmauer des nördlichen Friedhofes in München eingestiegen und hat dort von einem Grabhügel fünf hochstämmige Rosensträuche im Werte von 15 ℳ in der Absicht, sie bei gegebener Gelegenheit zu verkaufen, entwendet. N hat diese Sträuche mit den Wurzeln ausgegraben und bei dieser Arbeit den größten Teil der übrigen auf dem Grabhügel angepflanzten Ziergewächse teils vernichtet, teils arg beschädigt.

Gegen N wird öffentliche Klage wegen eines Verbrechens des Diebstahls gemäß § 243 Ziff. 2. in rechtlichem Zusammenflusse mit einem Vergehen in Bezug auf die Religion gemäß § 168 des Strafgesetzbuches erhoben. Ist diese Anklage begründet?

Die Beantwortung der Fragen sind unter Anführung der einschlägigen gesetzlichen Bestimmungen kurz zu begründen.

I. Aufgabe
aus dem Strafprozeß.

I.

A, verantwortlicher Redakteur eines in der bayerischen Stadt X, dem Sitze eines Schwurgerichts, erscheinenden Zeitung, welcher durch Zufall in Erfahrung brachte, daß B, ein angesehener Bürger der bayerischen Stadt Y — gleichfalls Sitz eines Schwurgerichts — eine Handlung begangen habe, deren Veröffentlichung ihn in der Achtung seiner Mitbürger schwer schädigen müßte, schrieb am 20. August 1888 dem B einen Brief, worin er ihm die Veröffentlichung der Sache in seinem Blatt in Aussicht stellte, falls B ihm nicht ein Schweigegeld von 1000 ℳ übersende. B ließ den ihm am 21. August durch die Post zugestellten Brief unbeantwortet. A schrieb daher einen Artikel, in welchem er die Handlung des B ohne Nennung desselben scharf geißelte und zum Schluß bemerkte, er behalte sich vor, den Namen des dunklen Ehrenmannes in einer der nächsten Nummern seines Blattes bekannt zu geben. Diesen Artikel nahm A in eine Extrabeilage seines Blattes auf und überschickte die ganze Auflage derselben in einem versiegelten Packet an den Kommissionär C in Y mit dem — von C auch sofort erfüllten — Auftrage, ein Exemplar des Blattes dem B zuzustellen, die anderen Exemplare durch Zeitungsträger in den Wirtschaften von Y in Umlauf zu setzen. A hoffte hiebei, daß B der Nennung seines Namens durch Bezahlung des verlangten Schweigegeldes zuvorkommen würde. B erstattete jedoch unter Übergabe des erhaltenen Briefes und des ihm zugestellten Zeitungsblattes bei der Polizeibehörde seines Wohnsitzes gegen A Anzeige wegen Erpressungsversuches.

Wo ist der Gerichtsstand der begangenen That begründet,

und ist das Hauptverfahren vor dem Landgerichte oder vor dem Schwurgerichte zu eröffnen?

II.

Gegen A als verantwortlichen Redakteur einer in der bayerischen Stadt X erscheinenden Zeitung wurde durch Beschluß der Strafkammer des Landgerichts X vom 17. März 1888 wegen je eines Vergehens nach § 104 und nach § 184 des St.-G.-B. das Hauptverfahren vor dem Schwurgerichte bei dem Landgerichte X eröffnet. Die Hauptverhandlung wurde auf den 23. und 24. April angesetzt. In der Sitzung vom 23. April wurde nach Verlesung des Beschlusses über die Eröffnung des Hauptverfahrens auf Antrag des Staatsanwalts, welchem der Angeklagte nicht widersprach, folgender Gerichtsbeschluß verkündet:

Es wird hiemit im Hinblick auf die §§ 173 bis 175 des Gerichtsverfassungsgesetzes und Art. I des Reichsgesetzes vom 5. April 1888, betreffend die unter Ausschluß der Öffentlichkeit stattfindenden Gerichtsverhandlungen, für die ganze Dauer der Verhandlung bis zur Verkündung des Urteils die Öffentlichkeit ausgeschlossen, in der Erwägung, daß durch dieselbe, soweit es sich um das Vergehen nach § 104 des St.-G.-B. handelt, eine Gefährdung der Staatssicherheit, und soweit es sich um das Vergehen nach § 184 des St.-G.-B. handelt, eine Gefährdung der Sittlichkeit zu besorgen ist.

Obwohl auf Grund dessen mit Ausschluß der Öffentlichkeit verhandelt wurde, fand sich doch in der am Morgen des 24. April ausgegebenen Nummer der von A redigierten Zeitung ein eingehender Bericht über die Verhandlung und zwar sowohl über den das Vergehen nach § 104, als über den das Vergehen nach § 184 betreffenden Teil derselben sowie außerdem eine Skizze der Anklageschrift.

Am Vormittag des 24. April nach Wiederaufnahme der am Abende zuvor unterbrochenen Verhandlung wurde auf Antrag des Staatsanwalts, dem der Angeklagte ebenfalls nicht widersprach, folgender Gerichtsbeschluß verkündet:

In der Erwägung des über den Ausschluß der

Öffentlichkeit für die gegenwärtige Verhandlung gestern gefaßten und nachfolgend wiederholt bekanntgegebenen Beschlusses wird auf Grund des § 175 neuer Fassung des Gerichtsverfassungsgesetzes den anwesenden Personen auch die Geheimhaltung der auf den Gegenstand der Anklage bezüglichen durch die Verhandlung, durch die Anklageschrift oder durch andere amtliche Schriftstücke des Prozesses zu ihrer Kenntnis gelangten oder gelangenden Thatsachen hiemit zur Pflicht gemacht.

Im Anschluß hieran wurde der Beschluß vom Tage zuvor wiederholt verlesen, und dann bis zur Urteilsverkündung bei ausgeschlossener Öffentlichkeit weiter verhandelt. Die Verhandlung endete am Abend des 24. April, da die Geschworenen die Schuldfragen verneinten, mit der Freisprechung des Angeklagten, und da innerhalb der gesetzlichen Frist Revision gegen das freisprechende Urteil nicht eingelegt wurde, ging dieses in Rechtskraft über.

In der am Morgen des 25. April verbreiteten Nummer der von ihm redigierten Zeitung teilte A das freisprechende Urteil mit, berichtete ausführlich über die Ergebnisse des zweiten Verhandlungstages, soweit sich dieselben auf das Vergehen nach § 184 des St.=G.=B. bezogen, und gab im Anschluß hieran auch noch nachträglich den bezüglichen Teil der Anklageschrift im Wortlaute bekannt, enthielt sich indes sowohl hiebei als auch bei seinem Bericht über die Ergebnisse der Verhandlung jeder Mitteilung, welche geeignet sein konnte, Ärgernis zu erregen. Betreffend die Anklage wegen Vergehens nach § 104 des St.=G.=B., so bemerkte A, er müsse sich, durch das ihm auferlegte Stillschweigen gebunden, auf die Erklärung beschränken, daß sämtliche in dem beanstandeten Zeitungsartikel enthaltenen angeblich beleidigenden Behauptungen in der Hauptverhandlung durch die vernommenen Zeugen und die verlesenen Schriftstücke vollkommene Bestätigung gefunden hätten, und daß er zum Beweise hiefür nur noch nachträglich die Aussage eines bereits am 23. April vernommenen Zeugen anführen wolle. Es folgte dann in vollem

Umfange die treffende, im letzten Bericht nur kurz erwähnte Zeugenaussage, welche außer der Bestätigung der von A aufgestellten Behauptungen sich auch noch über andere, nach dem Gerichtsbeschlusse am 24. April zweifellos geheimzuhaltende Thatsachen verbreitete.

Hat A sich durch seine Veröffentlichungen vom 24. und 25. April — abgesehen von etwaigen neuerlichen Zuwiderhandlungen gegen die §§ 104 und 184 des St.-G.-B. — gegen gesetzliche Bestimmungen verfehlt und bejahendenfalls gegen welche?

Vor welchem Gericht ist wegen jedes einzelnen von A etwa verübten Vergehens das Hauptverfahren zu eröffnen?

III.

Durch landgerichtliches Urteil wurde D wegen Vergehens der Körperverletzung zu 1 Jahr Gefängnis verurteilt. In dem Protokoll über die Hauptverhandlung ist konstatiert:

Die Zeugen wurden einzeln vorgerufen und, nachdem sie mit dem Gegenstand der Untersuchung und der Person des Angeklagten bekannt gemacht worden waren, einzeln vernommen.

1. Person, cetera generalia negans, Kaspar Maier, legal beeidigt, 60 Jahre alt, prot., verh., Schuhmacher in Nürnberg.

2. Person, c. g. n., Leonhard Vogl, legal beeidigt, 30 Jahre alt, kath., led., Schuhmachergehilfe in Nürnberg.

Die Revision, welche Aufhebung des Urteils anstrebt, rügt die Verletzung der §§ 60 und 67 der St.-P.-O., weil die Zeugen einen Teil der sogenannten Generalfragen vor ihrer Beeidigung, also unbeeidigt beantwortet hätten.

Ist die Revision begründet?

Die Beantwortungen der Fragen sind unter Anführung der treffenden Gesetzesstellen kurz zu begründen.

II. Aufgabe aus dem Strafprozeß.

I.

a) Am 8. Oktober 1888 wurde dem Gastwirt E, in dessen Schenke am 25. September drei mit dem gesetzlichen Eichungsstempel nicht versehene Literkrüge vorgefunden worden waren, amtsrichterlicher Strafbefehl vom 1. Oktober zugestellt, durch welchen E gemäß § 369 Ziff. 2 des St.-G.-B. zu 50 ℳ Geldstrafe verurteilt wurde. Am 10. Oktober erhielt E, welcher bis dahin Einspruch nicht erhoben hatte, einen weiteren amtsrichterlichen Strafbefehl vom 6. Oktober zugestellt, durch welchen „im Nachgange zu dem Strafbefehl vom 1. Oktober" auf grund des § 369 Abs. 2 des St.-G.-B. die Einziehung der vorschriftswidrigen Literkrüge ausgesprochen wurde.

War der zweite Strafbefehl gesetzlich zulässig?

b) Am 15. Oktober 1888 wurde dem Zinngießer F, welcher noch nach dem 1. Oktober in seinem Laden Trinkgeschirre aus einer in 100 Gewichtsteilen mehr als 10 Gewichtsteile Blei enthaltenden Metallegierung gewerbsmäßig feilgeboten hatte, amtsrichterlicher Strafbefehl vom 10. Oktober zugestellt, durch welchen F gemäß § 4 Ziff. 2 und § 6 des Reichsgesetzes vom 25. Juni 1887, den Verkehr mit blei- und zinkhaltigen Gegenständen betreffend, zu 100 ℳ Geldstrafe verurteilt und die Einziehung der vorschriftswidrig feilgehaltenen Gegenstände ausgesprochen wurde. Am 16. Oktober starb F, ohne daß er Einspruch gegen den Strafbefehl erhoben hatte.

Konnte der Strafbefehl, soweit er die Einziehung der vorschriftswidrig feilgebotenen Gegenstände verfügte, noch rechtskräftig werden?

Die Beantwortungen der Fragen sind unter Anführung der treffenden Gesetzesstellen kurz zu begründen.

II.

Wegen einer zum Nachteil des Rechtsanwalts S in

Aschaffenburg verübten Unterschlagung ist gegen den Buchhalter Karl M dortselbst vorbereitendes Verfahren bei der Staatsanwaltschaft am Landgerichte Aschaffenburg anhängig. Am 6. Dezember 1888 nimmt der I. Staatsanwalt Z an diesem Gerichte nachstehende Vormerkung auf:

Aschaffenburg, den 6. Dezember 1888.

Es erscheint freiwillig Herr Rentier Konrad R von Schweinfurt und bringt vor:

Von Januar bis Juli ds. Js. war der nun in Aschaffenburg als Buchhalter angestellte Karl M Kassier des X-Vereins in Schweinfurt. Das wohlthätige Wirken dieses Vereins veranlaßte mich, demselben am 1. Juni durch eine Postanweisung anonym 400 M als Geschenk zukommen zu lassen. Ich übergebe zum Nachweise den mir vom Postamte Schwein-
liegt an. furt über die Einzahlung der 400 M verabfolgten Schein. Am 1. ds. Mts. erfuhr ich nun von dem Vorstand des Vereins, Kaufmann Heinrich P in Schweinfurt, daß M nur 100 M der Vereinskassa zuführte und auch nur diesen Betrag am 2. Juni als empfangen verbuchte, 300 M also offenbar für sich selbst behielt. Auf meine Aufforderung, dies anzuzeigen, erklärte P, er wolle den M nicht unglücklich machen, und es suchte P auch mich von einer Anzeige abzuhalten. Nachdem ich aber inzwischen von der gegen M hier anhängigen Untersuchung hörte, erscheint mir derselbe einer Schonung unwürdig.

Meine Köchin, die Färberstochter Anna K von Lohr, welche zu M in intimen Beziehungen stand und angeblich mit demselben jetzt förmlich verlobt ist, hat im Laufe des Juni von M verschiedene Geschenke, darunter eine wertvolle Uhr mit goldener Kette erhalten. Am 3. ds. Mts. empfing Anna K einen Brief dessen Inhalt ihr sichtlich Schrecken verursachte und welchen sie nach dem Lesen sofort im Herd verbrannte. Heute morgen ferner nahm ich bei augenblicklicher Abwesenheit der K an meiner Wohnungsthüre von dem Briefboten eine an K adressierte Postkarte in Empfang, welche den Poststempel „Aschaffenburg“ trägt und auf der Rückseite nur die

Worte „Du weißt von garnichts“ enthält. Da mir die Sache verdächtig erschien, hielt ich die Karte einstweilen zurück, reiste, nachdem ich ohnehin eines Geschäftes wegen hier zu thun habe, sofort hieher, um meine Anzeige gegen M zu erstatten, und bitte um Weisung, wie ich mich bezüglich der Postkarte weiter verhalten soll. Übrigens hat die K mir niemals Anlaß gegeben, an ihrer Ehrlichkeit zu zweifeln, weshalb ich auch überzeugt bin, daß dieselbe, als sie die erwähnten Geschenke annahm, von der Unterschlagung des M keine Kenntnis hatte.

Es wurden hierauf die Schriftsätze auf der Postkarte mit den in den Akten über die Untersuchung gegen M wegen Unterschlagung zum Nachteil des Rechtsanwalts S befindlichen, von der Hand des M herrührenden Schriftproben verglichen und gefunden, daß die Schrift vollkommen die gleiche ist. liegt an.
Da sonach die Postkarte zweifellos von M herrührt, wird dieselbe bei den Akten zurückbehalten und Herr R um Stillschweigen gegenüber der K ersucht.

V. g. u. u.

Konrad R.

Der Erste Staatsanwalt: Z.

Um die erforderliche Grundlage für das weitere Vorgehen gegen M wegen der neuerlich angezeigten Strafthat zu gewinnen, hält Staatsanwalt Z für nötig:

1) die zeugschaftliche Vernehmung des treffenden Postbeamten über die Auszahlung der Postanweisung;
2) die eidliche zeugschaftliche Vernehmung des P an der Hand der Geschäftsbücher des X-Vereins über die Art der Buchführung und über seine Kenntnis von der That des M;
3) die persönliche Einsichtnahme der Geschäftsbücher, soweit dieselben Aufschlüsse über den Gegenstand der Untersuchung gewähren;
4) Zurückhaltung etwaiger Briefe, Postkarten und Telegramme des M an die K und der K an den M, welche durch die Post und die Telegraphenanstalten der K in

Schweinfurt und dem M in Aschaffenburg zuzustellen wären, sowie Kenntnisnahme von dem Inhalte der zurückbehaltenen Briefe, Postkarten und Telegramme.

Während nach Ansicht des Staatsanwalts bezüglich der Punkte 1 bis 3 keineswegs Gefahr im Verzug obwaltet, erachtet derselbe den Punkt 4 für so dringlich, daß er den Entschluß faßt, sich unmittelbar an die treffenden Post- und Telegraphenanstalten zu wenden. Auch erscheint es ihm wichtig, in jedem einzelnen Falle möglichst bald von dem Inhalte des Briefes, der Postkarte oder des Telegrammes Kenntnis zu erhalten. Die Verhaftung des M hält der Staatsanwalt noch nicht für gerechtfertigt. Von seinen Untersuchungsakten ist dem Staatsanwalt nur die Vormerkung vom 6. Dezember mit ihren zwei Beilagen vorübergehend entbehrlich.

Es sind die Schreiben zu entwerfen, welche mit Rücksicht auf die Punkte 1 bis 4 sowie etwa mit Rücksicht auf die Zurückhaltung der von R übergebenen Postkarte, der Staatsanwalt an die einschlägigen Behörden zu richten hat. Dabei wird bemerkt, daß sich in Schweinfurt ein „Postamt“, in Aschaffenburg ein „Post und Bahnamt“ und an beiden Orten je eine selbständige Telegraphenstation befinden und daß diese sämtlichen Behörden unter dem Oberpostamt für Unterfranken und Aschaffenburg mit dem Sitze in Würzburg stehen.

(Bei teilweisem Gleichlaut der einzelnen Schreiben kann in denselben, wenn hierunter nicht die Deutlichkeit leidet, auf einander verwiesen werden.)

Praktischer Fall
aus dem Justizfache
für die zweite Prüfung der Rechtskandidaten in den Landesteilen rechts des Rheins im Jahre 1888.

Die Prüfungskandidaten haben die auf grund der mündlichen Verhandlung am 1. Dezember 1888 zu erlassende landgerichtliche Entscheidung nach Maßgabe der in der Zivilprozeßordnung enthaltenen Vorschriften auszuarbeiten. In den Entscheidungsgründen sind die sämtlichen in den Parteivorträgen geltend gemachten rechtlichen Gesichtspunkte zu würdigen.

Der Bearbeitung sind neben den Reichsgesetzen das Gemeine Recht und die für das ganze Gebiet desselben in Bayern geltenden Gesetze zu Grunde zu legen.

Der zur Rechtsanwaltschaft bei dem Königlichen Landgerichte Friedenau zugelassene Rechtsanwalt Strauß dortselbst erhob als Bevollmächtigter der Landrichterstochter Bertha Hamm in Eichen gegen den Kaufmann August Müller in Friedenau und die Fabrikbesitzersehefrau Karoline Lang in Horsten eine an das Königliche Landgericht Friedenau gerichtete Klage. Gleichzeitig erhob der bei dem nämlichen Gerichte zur Rechtsanwaltschaft zugelassene Rechtsanwalt Werner als Bevollmächtigter des Vorstandes der Rettungsanstalt für verwahrloste Mädchen zu Friedenau, Pfarrers Martin Stiller daselbst, eine ebenfalls an das Landgericht Friedenau gerichtete Klage gegen den Kaufmann Heinrich Meißner in Seebach als gesetzlichen Vertreter seiner minderjährigen Söhne Friedrich und Georg Meißner.

Auf Einreichung der Klageschriften bei der Gerichtsschreiberei des Prozeßgerichts wurde zur mündlichen Verhandlung eines jeden der beiden Rechtsstreite Termin auf den 1. Dezember 1888 vormittags neun Uhr vor der I. Zivilkammer des Landgerichts bestimmt.

Sowohl die Beklagten August Müller und Karoline Lang, denen die Klageschrift am 25. Oktober 1888 zugestellt wurde, als der Beklagte Heinrich Meißner, an den die Zustellung der Klage am 29. Oktober 1888 erfolgte, bestellten als Prozeßbevollmächtigten den zur Rechtsanwaltschaft bei dem Prozeßgerichte zugelassenen Rechtsanwalt Dr. Schröder.

Die Anwälte der Parteien wechselten die erforderlichen vorbereitenden Schriftsätze.

Die I. Zivilkammer des Prozeßgerichts war in der zur

mündlichen Verhandlung der beiden Rechtsstreite bestimmten Sitzung mit folgenden Richtern besetzt: Golz, Landgerichtspräsident, Moser und Hagen, Landgerichtsräte; als Gerichtsschreiber leistete Dienst der Rechtspraktikant Krämer.

Bei dem gemeinschaftlich erfolgten Aufrufe beider Sachen waren die Rechtsanwälte Strauß, Werner und Dr. Schröder erschienen. Der Vorsitzende eröffnete die mündliche Verhandlung mit dem Bemerken, daß das Gericht mit Rücksicht auf den aus den niedergelegten Abschriften der vorbereitenden Schriftsätze ersichtlichen rechtlichen Zusammenhang der den Gegenstand der zwei Prozesse bildenden Ansprüche die Verbindung der beiden Rechtsstreite in Erwägung gezogen habe, und forderte die Parteien auf, ihre Anträge zu stellen. Es verlas hierauf Rechtsanwalt Strauß aus seiner Klageschrift den Antrag:

„Das Königliche Landgericht wolle erkennen: Die Beklagten sind nach Verhältnis ihrer Erbteile schuldig, der Klägerin 35,000 ℳ nebst 5 % Zinsen daraus vom 1. Juni 1888 an zu bezahlen und die Kosten des Rechtsstreites zu tragen“,

und Rechtsanwalt Dr. Schröder aus dem diese Klage beantwortenden vorbereitenden Schriftsätze den Antrag:

„Das Königliche Landgericht wolle die Klage abweisen und der Klägerin die Kosten auferlegen“,

sodann Rechtsanwalt Werner aus seiner Klageschrift den Antrag:

„Das Königliche Landgericht wolle den Beklagten verurteilen, der Klägerin 20,000 ℳ in vierprozentigen Pfandbriefen der Bayerischen Hypotheken- und Wechselbank zu bezahlen und die Kosten des Rechtsstreits zu tragen“,

endlich Rechtsanwalt Dr. Schröder aus der auf diese Klage bezüglichen Klagebeantwortungsschrift den Antrag:

„Das Königliche Landgericht wolle die Klage abweisen und der Klägerin die Kosten auferlegen.“

Das Gericht beschloß hierauf, die beiden Prozesse zum Zwecke der gleichzeitigen Verhandlung und Entscheidung zu verbinden. Der Vorsitzende verkündete den Beschluß und erteilte sodann das Wort dem Rechtsanwalte Strauß. Dieser trug folgendes vor:

„Am 27. März 1873 starb hier der Privatmann Ferdinand Müller als Wittwer mit Hinterlassung einer großjährigen Tochter Namens Johanna als einzigen Kindes. Über seinen Nachlaß hatte er durch ein am 20. Febr. 1872 in rechtsgiltiger Form errichtetes Testament letztwillig verfügt. In diesem hatte er seine Tochter Johanna zur Erbin seines gesamten Vermögens eingesetzt, ihr aber zugleich seine drei Geschwister substituiert. Die auf diese Substitution bezügliche Stelle des Testaments lautet wörtlich folgendermaßen:

„„Für den Fall, daß meine Tochter Johanna vor mir sterben sollte, ohne Leibeserben zu hinterlassen, berufe ich als Nacherben zu je einem Drittel meines Vermögens

1. meinen Bruder, den Kaufmann August Müller dahier,
2. meine an den Fabrikbesitzer Otto Lang in Horsten verheiratete Schwester Karoline und nach deren Ableben ihre ehelichen Kinder,
3. meine an den Kaufmann Heinrich Meißner in Seebach verheiratete Schwester Marie und nach deren Ableben ihre ehelichen Kinder.

Diese Substitution soll ferner auch für den Fall gelten, daß meine Tochter Johanna nach mir ohne Hinterlassung an Leibeserben stirbt““.

Dieses Testament wurde seinerzeit von allen Beteiligten, insbesondere von Johanna Müller anerkannt. Sie trat die Erbschaft unbedingt an und nahm den Nachlaß in Besitz. Der Wert des letzteren belief sich auf 180,000 ℳ.

Am 1. Juni lfd. Jrs. ist auch Johanna Müller und zwar unverheiratet und kinderlos gestorben. Sie hinterließ ein von dem hiesigen Notar Gärtner am 4. Januar 1885 aufgenommenes Testament, dessen hier interessierende Bestimmungen folgendermaßen lauten:

„„Zu meinem Erben ernenne ich meinen Oheim, den Kaufmann August Müller dahier. Da nach dem Testamente meines Vaters meine Tanten Karoline Lang in Horsten und Marie Meißner in Seebach und an beider Stelle deren Kinder je ein Drittel meines väterlichen Vermögens erhalten sollen, so hat mein Erbe seinen genannten Schwestern oder nach deren Tode den Kindern derselben die nach der Verfügung meines Vaters sich berechnenden Erbteile auszuantworten, jedoch je unter Abzug des zu meinem Pflichtteile gehörigen Drittels. Den von dem Erbteile meiner Tante Marie Meißner mir gebührenden Pflichtteil vermache ich der hiesigen Rettungsanstalt für verwahrloste Mädchen. Dieses Vermächtnis soll in vierprozentigen Pfandbriefen der Bayerischen Hypotheken- und Wechselbank entrichtet werden.

Meiner Freundin, der Landrichterstochter Bertha Hamm in Eichen setze ich ein Vermächtnis von 35,000 ℳ aus.““

August Müller hat dieses Testament anerkannt und die Erbschaft angetreten. Auch die Miterbin Karoline Lang und der Kaufmann Heinrich Meißner, dessen Ehefrau kurz nach Johanna Müller ohne Hinterlassung einer letztwilligen Verfügung gestorben ist, Namens seiner zwei minderjährigen Söhne haben den Erbschaftsantritt erklärt.

Was indessen diese beiden Vettern der Johanna Müller betrifft, so kann es nach meiner Überzeugung keinem Zweifel unterliegen, daß ihnen ein Erbrecht nicht zusteht, denn über ihren eigenen Nachlaß hat Johanna Müller zu Gunsten ihrer Tante Marie Meißner oder der Kinder derselben nicht verfügt und ein Erbrecht der letzteren an dem Nachlasse des Vaters der Johanna Müller zu begründen, sind, wie ich sofort darthun werde, die inmitteliegenden letztwilligen Verfügungen nicht geeignet. Erbansprüche auf den Nachlaß des Ferdinand Müller können überhaupt nur aus dessen Testament, nicht aus dem der Johanna Müller abgeleitet werden. Jenes Testament enthält nun zwar eine Verfügung zu Gunsten der Meißner'schen Kinder, allein diese ist rechtsunwirksam. Ferdinand Müller hat seiner Tochter Johanna in der Person ihrer Tante Marie Meißner eine Nacherbin bestimmt und als Nacherben der letzteren deren Kinder eingesetzt. Die Einsetzung dieser weiteren Nacherben ist aber ungiltig, da nach bekannter Bestimmung unseres bürgerlichen Rechts niemand über seinen Nachlaß in der Weise verfügen kann, daß er dem zum Nacherben Eingesetzten einen weiteren Nacherben setzt; die Einsetzung des weiteren Nacherben ist kraft des Gesetzes ungiltig. Auch die an sich giltige Nacherbeinsetzung der Marie Meißner ist übrigens nicht wirksam geworden, da diese starb, ohne die ihr angefallene Erbschaft angetreten zu haben. Von Transmission ihres Antretungsrechts auf ihre Kinder kann, obgleich sie den Tod ihrer Nichte noch erfahren hatte, deshalb nicht die Rede sein, weil das Recht des Nacherben unter den Grundsätzen vom Vermächtnisse steht und bei Vermächtnissen jede Transmission ausgeschlossen ist. Der der Marie Meißner als Nacherbin angefallene Erbteil ist sohin ihren beiden Geschwistern August Müller und Karoline Lang angewachsen, und diese sind es daher allein, die als mit dem der Klägerin Bertha Hamm ausgesetzten Vermächtnisse beschwert in Betracht kommen können und das letztere nach Verhältnis ihrer Erbteile zu entrichten haben.

Das von Ferdinand Müller hinterlassene Vermögen hatte sich bis zum Tode der Johanna Müller auf 210,000 ℳ vermehrt. Hievon hätte Karoline Lang ein Drittel, also 70,000 ℳ zu erhalten. Ihr soll jedoch ein Drittel ihres Erbteils als zum Pflichtteile der Johanna Müller gehörig abgezogen werden. Dieser Abzug beträgt, da der Berechnung des Pflichtteils selbstverständlich nur die Höhe des von Ferdinand Müller selbst hinterlassenen Vermögens zu grund gelegt werden kann, 20,000 ℳ, so daß Karoline Lang 50,000 ℳ als Betrag ihres eigenen Erbteils erhält. Ebensoviel würde ihrer Schwester Marie Meißner gebührt haben. Zufolge der vorhin berührten Anwachsung erhält daher Karoline Lang weitere 25,000 ℳ, im ganzen also 75,000 ℳ. Der der Karoline Lang abzuziehende Betrag von 20,000 ℳ verbleibt dem August Müller, während der von dem Erbteile der

Marie Meißner abzuziehende gleiche Betrag deshalb hier nicht weiter in Betracht kommt, weil über denselben durch Aussetzung eines Vermächtnisses anderweitig verfügt ist. Von dem Gesamtnachlaß zu 210,000 ℳ fallen hienach an August Müller 115,000 ℳ, an Karoline Lang 75,000 ℳ, so daß von dem Vermächtnis zu 35,000 ℳ auf August Müller 21,184 ℳ 20 ₰, auf Karoline Lang 13,815 ℳ 80 ₰ treffen. Zur Bezahlung dieser Beträge nebst Zinsen vom Tage des Erbschaftsanfalls an bitte ich demnach die beiden Beklagten zu verurteilen."

Der Vorsitzende erteilte hierauf das Wort dem Rechtsanwalte Werner. Dieser trug folgendes vor:

„Die thatsächlichen Verhältnisse sind, auch soweit sie zur Begründung meines Antrages dienen, von dem Vorredner richtig und erschöpfend vorgetragen worden. Ich kann mich daher, was das Sachverhältnis betrifft, seiner Darlegung vollständig anschließen. Dagegen muß ich, insoweit er in seinen rechtlichen Ausführungen auch Fragen berührt hat, deren Beantwortung für die rechtliche Begründung des von mir zu vertretenden Anspruchs von Belang ist, einen von dem seinigen wesentlich abweichenden Standpunkt einnehmen.

Wäre die Rechtsanschauung des Vorredners, daß die Söhne der Marie Meißner nicht zur Erbschaft berufen seien, richtig, so würde nicht nur der der Marie Meißner angefallene Erbteil von 50,000 ℳ, sondern auch der Betrag von 20,000 ℳ, der als zum Pflichtteile der Johanna Müller gehörig der ersteren abzuziehen gewesen wäre, je zur Hälfte den Erbteilen des August Müller und der Karoline Lang angewachsen sein, und diese beiden würden infolgedessen als je zur Hälfte mit dem der Rettungsanstalt ausgesetzten Vermächtnisse beschwert zu betrachten sein. Dieser Ansicht bin ich nicht; ich halte vielmehr an dem in meiner Klageschrift aufgestellten Satze fest, daß mit dem der Rettungsanstalt ausgesetzten Vermächtnisse ausschließlich die beiden Söhne der Marie Meißner belastet sind.

Die Verfügung, durch welche die letzteren zur Erbschaft

berufen sind, ist — mag man das Testament vom 20. Februar 1872 oder das vom 4. Januar 1885 als das maßgebende betrachten — eine einfache Substitution, die dadurch wirksam geworden ist, daß Marie Meißner starb, ohne die ihr angefallene Erbschaft angetreten zu haben. Durch das Testament vom Jahre 1872 sind die Meißner'schen Kinder zu Erben eines Drittels des Nachlasses berufen und diese Verfügung ist in dem Testamente vom Jahre 1885 ausdrücklich aufrecht erhalten. Zwar bestimmt das letztere, daß von dem Erbteile der Meißner'schen Kinder ein Drittel abgezogen werden und der Rettungsanstalt als Vermächtnis zufallen soll. Allein die Folgerung, die hieraus zu ziehen man etwa geneigt sein könnte, daß dieses Drittel den anderen Erben oder einem derselben verbleiben solle mit der Auflage, es als Vermächtnis an die Rettungsanstalt herauszugeben, ist dadurch ausgeschlossen, daß als Gegenstand des Vermächtnisses nicht, wie es bei dem der Bertha Hamm ausgesetzten Vermächtnisse der Fall ist, schlechthin eine Geldsumme, sondern vielmehr der aliquote Teil eines bestimmten Erbteils bezeichnet ist. Damit ist das Vermächtnis nicht dem Nachlasse, also auch nicht der Gesamtheit der Erben, sondern ausschließlich dem Erben auferlegt, aus dessen Erbteile es genommen werden soll. Die Klage auf Entrichtung des Vermächtnisses konnte sohin nur gegen die Meißner'schen Kinder erhoben werden."

Der Vorsitzende erteilte demnächst das Wort dem Rechtsanwalte Dr. Schröder. Dieser trug folgendes vor:

„Der Beklagte August Müller hat nicht, wie nach der Sachverhaltsdarstellung des Vertreters der Bertha Hamm anzunehmen wäre, vorbehaltlos und unbedingt das Testament der Johanna Müller anerkannt und die Erbschaft angetreten. Er hat vielmehr am 16. Juni lfd. Js. zu Protokoll des Verlassenschaftsgerichts wörtlich folgende Erklärung abgegeben: „„Ich erkenne das soeben verkündete Testament vom 4. Januar 1885 an, insoweit durch dasselbe die Rechte der in dem Testamente des Ferdinand Müller zu Nacherben eingesetzten Personen nicht verletzt werden, und trete unter diesem Vorbehalte die Erbschaft der Johanna Müller a...““ Dieser Erklärung schlossen sich am 22. Juni lfd. Js. Karoline Lang mit Zustimmung ihres Ehemanns und am 27. dess. Mts. Heinrich Meißner als Vertreter seiner beiden Söhne an.

Jener Vorbehalt hatte seinen guten Grund, denn das Testament der Johanna Müller verletzt in der That die Rechte der von Ferdinand Müller seiner Tochter Johanna Müller als Erben substituierten Personen in hohem Grade. Die letzteren sind in dem Testamente vom 20. Februar 1872 unter der aufschiebenden Bedingung zu Erben des Ferdinand Müller eingesetzt, daß die zunächst berufene Erbin ohne Hinterlassung von Leibeserben stirbt. Die Bedingung ist durch den am 1. Juni 1888 erfolgten Tod der Johanna Müller erfüllt worden. Folge hievon ist der endgiltige Erwerb der Erbschaft durch die eingesetzten Nacherben, und zwar nach den für die aufschiebende Bedingung geltenden allgemeinen Grundsätzen mit der Wirkung, daß der Erwerb auf den Zeitpunkt des Todes des Ferdinand Müller zurückbezogen werden muß. Die Rechtslage ist hienach genau so, als wenn die genannten Personen unmittelbar mit dem Tode des Erblassers dessen Nachlaß erworben hätten. Es liegt hienach auf der Hand, daß jede von Johanna Müller über den Nachlaß ihres Vaters getroffene Verfügung, welche von dem Inhalte des Testaments des letzteren abweicht, kraft des Gesetzes nichtig ist, soweit durch sie die auf diesem Testamente beruhenden Rechte verletzt werden. Daß die Aussetzung der beiden Vermächtnisse diese Rechte verletzt, bedarf keiner weiteren Darlegung.

Wie Johanna Müller dazu kommen konnte, diese Verfügungen durch Hinweis auf den von dem Nachlasse ihres Vaters ihr gebührenden Pflichtteil zu rechtfertigen, ist mir schlechterdings unverständlich. Sie hat ja von ihrem Vater weit mehr als ihren Pflichtteil bekommen, sie hat dessen gesamtes Vermögen geerbt und ist bis zu ihrem Tode in ungestörtem Besitze und Genusse desselben gewesen. Schon der Betrag der Renten, die sie von 1873 bis 1888 bezogen hat — das Vermögen warf im Durchschnitte eine jährliche Rente von vier Prozent ab — übersteigt weit den Betrag, der sich als ihr Pflichtteil berechnen würde.

Die beiden Vermächtnisse würden aber nicht einmal dann zu Recht bestehen können, wenn man zugeben wollte, daß Johanna Müller zu irgendwelchen von dem Testamente ihres Vaters abweichenden letztwilligen Verfügungen befugt gewesen sei. Ein Vermächtnis kann nur dem auferlegt werden, dem letztwillig etwas zugewendet wird. Johanna Müller hat aber außer den Vermächtnisnehmern niemand letztwillig bedacht, denn die zu Gunsten des August Müller, der Karoline Lang und der Meißner'schen Kinder getroffenen Verfügungen entbehren der selbständigen Bedeutung, weil sie nur — völlig überflüssiger Weise — den Vollzug der von Ferdinand Müller getroffenen Verfügungen anordnen.

Da sonach die beiden Vermächtnisse nichtig und demzufolge die erhobenen Klagen rechtlich unbegründet sind, habe ich keinen Anlaß, mich in den zwischen den beiden klägerischen Anwälten bestehenden Streit darüber einzumischen, ob die Söhne der Marie Meißner zur Erbschaft berufen sind oder nicht. Nur um zu verhüten, daß mein Stillschweigen über diese Frage als ein den genannten Kindern nachteiliges Zugeständnis ausgelegt werde, will ich hier ausdrücklich betonen, daß für dieselben das Erbrecht auf ein Drittel des Gesamtnachlasses in Anspruch genommen wird, und daß die übrigen Beteiligten, August Müller und Karoline Lang (diese unter Zustimmung ihres Ehemanns), mit Heinrich Meißner darüber einig sind, daß des letzteren Söhne ein Drittel des Gesamtnachlasses erhalten sollen. Die Verteilung des Nachlasses hat übrigens noch nicht stattgefunden; dieser befindet sich zur Zeit noch im Gewahrsame des von Johanna Müller in dem Testamente vom 4. Januar 1885 zum Testamentsvollstrecker ernannten Notars Gärtner.

Die Erwähnung dieser Thatsache führt mich zur Erörterung eines den beiden Klagen anhaftenden Mangels formaler Natur.

Der Testamentsvollstrecker ist nach der herrschenden Auffassung gesetzlicher Vertreter der Erben bezüglich der die

Erbschaft betreffenden Rechtsverhältnisse, solang nicht durch Verteilung der Erbschaft sein Amt erloschen ist. Es ist nicht nur seine Pflicht, sondern auch sein Recht, die letztwilligen Verfügungen des Erblassers zu vollziehen. Die Erben sind hinsichtlich der Verfügung über die Erbschaft geradezu geschäftsunfähig. Insbesondere die Auszahlung der Vermächtnisse ist, wenn ein Testamentsvollstrecker ernannt ist, nicht Sache der Erben, sondern des Testamentsvollstreckers. Die Zwangsvollstreckung wegen eines Vermächtnisanspruchs gegen den im Besitze des Testamentsvollstreckers befindlichen Nachlaß kann nicht stattfinden ohne vollstreckbaren Titel gegen den Testamentsvollstrecker. Hat eine Partei einen gesetzlichen Vertreter, so ist die Klage gegen diesen zu richten; der Partei selbst mangelt in diesem Falle die Prozeßfähigkeit. Die beiden den Gegenstand unserer Verhandlung bildenden Klagen hätten sohin gegen den Notar Gärtner als Testamentsvollstrecker erhoben werden sollen. Es hätte dies um so mehr geschehen müssen, als dann beide Vermächtnisansprüche in einer einzigen Klage hätten geltend gemacht werden können und die — sicherlich etwas eigentümlich sich ausnehmende — Erscheinung vermieden worden wäre, daß die im wesentlichen das gleiche Interesse verfolgenden Klageparteien hinsichtlich des die Grundlage und Voraussetzung des Vermächtniserwerbs bildenden Erbschaftsanfalls auf so entgegengesetzten, unvereinbaren Standpunkten stehen. Zum mindesten war es unerläßlich, die beiden Klagen außer den von mir vertretenen Parteien auch dem Testamentsvollstrecker zuzustellen. Die Abweisung der beiden Klagen ist hienach schon aus prozeßrechtlichen Gründen geboten.

Es erübrigt mir eine — nach Lage der Sache übrigens kaum mehr nötige — Bemerkung zu der von Johanna Müller getroffenen Bestimmung, daß das der Rettungsanstalt ausgesetzte Vermächtnis in vierprozentigen Pfandbriefen der Bayerischen Hypotheken- und Wechselbank entrichtet werden soll. Diese Bestimmung behaftet die ganze Vermächtnisverfügung mit einem weiteren Grunde der Hinfälligkeit, denn ihre Ausführung ist nicht möglich. Pfandbriefe der bezeichneten Art sind nämlich im Nachlasse nicht vorhanden. Die Erblasserin besaß zwar zur Zeit der Errichtung ihres Testaments ein dem Betrage des Vermächtnisses mindestens gleichkommendes Kapital in solchen Pfandbriefen. Diese sind jedoch, nachdem die Bank bekanntlich im Jahre 1885 mit der Ausgabe dreieinhalbprozentiger Pfandbriefe begonnen hatte, bei den in den Monaten Mai und November des Jahres 1886 vorgenommenen umfangreichen Verlosungen der vierprozentigen Pfandbriefe gezogen und teils am 1. Juli 1886 teils am 1. Januar 1887 heimbezahlt worden, worauf Johanna Müller das Kapital in dreieinhalbprozentigen Pfandbriefen der nämlichen Bank anlegte. Diese Pfandbriefe sind im Nachlasse vorhanden, und nur in solchen brauchte daher äußersten Falls das Vermächtnis entrichtet zu werden, wenn allenfalls — was ich jedoch bekämpfen muß, — angenommen werden wollte, daß die Unmöglichkeit der Ausführung nicht die Vermächtnisverfügung überhaupt, sondern nur die ihr beigefügte Nebenbestimmung hinfällig macht.

Ich kann nach dem von mir Vorgetragenen mit Sicherheit darauf rechnen, daß die beiden Klagen als unbegründet abgewiesen werden. Allein ich bin nicht völlig beruhigt darüber, ob nicht in diesem Falle von klägerischer Seite der Versuch gemacht werden würde, die Klagsansprüche etwa mit einem Wechsel in der Person des oder der Beklagten zu erneuern. Die Erben haben aber, um nicht durch fernere Behelligung mit vermeintlichen Vermächtnisansprüchen an der endlichen Bereinigung der Verlassenschaft gehindert zu sein, das dringendste Interesse daran, daß über den Rechtsbestand dieser Ansprüche ein für allemal entschieden werde. Zu diesem Zwecke erhebe ich hiemit Widerklage, deren Antrag dahin geht:

„Das Königliche Landgericht wolle die in dem Testamente der Johanna Müller vom 4. Januar 1885 der Bertha Hamm und der hiesigen Rettungsanstalt für verwahrloste Mädchen ausgesetzten Vermächtnisse für nichtig erklären.“

Rechtsanwalt Dr. Schröder überreichte schriftliche Fertigung dieses Antrags dem Vorsitzenden.

Zur Entgegnung erhielt hierauf das Wort Rechtsanwalt Strauß. Dieser äußerte sich folgendermaßen:

„Die Einschränkung, mit welcher die Erben das Testament der Johanna Müller anerkannt, und der Vorbehalt, unter dem sie die Erbschaft angetreten haben, sind völlig gegenstandslos, denn das Testament enthält keine Bestimmung, durch welche die auf dem Testamente des Ferdinand Müller beruhenden anwartschaftlichen Rechte verletzt sein könnten. Eine Art bedingter Erbeinsetzung enthält das Testament des letzteren allerdings, aber nur in dem ersten Absatze der von mir verlesenen Stelle. Aber auf diesen kommt es nicht an, weil die Bedingung, daß Johanna Müller vor ihrem Vater sterbe, nicht erfüllt worden ist. Die den wirklich eingetretenen Fall vorsehende Verfügung im zweiten Absatze dagegen ist nicht oder wenigstens nicht ausschließlich an eine Bedingung geknüpft. Das, worauf es offenbar dem Ferdinand Müller dabei hauptsächlich ankam, war, zu bestimmen, was mit seinem Vermögen nach dem dereinstigen Tode seiner Tochter geschehen solle. Er traf eine Verfügung, deren Wirkung erst mit einem gewissen Zeitpunkte — dies certus an, incertus quando — eintreten sollte; die Besonderheit der Verfügung ist also ihre Befristung. Bei befristeten Rechtsgeschäften aber findet Zurückbeziehung ihrer Wirksamkeit auf einen früheren als den durch die Befristung gesetzten Zeitpunkt bekanntlich nicht statt. Materiell enthält die Verfügung des Ferdinand Müller einen Eingriff in das Recht der Johanna Müller, über ihren Nachlaß frei und nach eigenem Ermessen letztwillig zu verfügen. Johanna Müller hat das Testament ihres Vaters seiner Zeit anerkannt und damit unzweifelhaft jener Einschränkung ihrer Testierfreiheit sich unterworfen. Allein diese Unterwerfung kann nur soweit wirken, als die väterliche Verfügung selbst auf gesetzlichem Boden ruht. Eine letztwillige Verfügung, die dermaßen gegen das Gesetz verstößt, daß letzteres sie als nicht vorhanden betrachtet, kann auch durch Anerkennung des Testaments nicht rechtswirksam werden. Dieser Satz gilt von der in Frage stehenden letztwilligen Verfügung des Ferdinand Müller insoweit, als dieselbe nicht wenigstens über den Teil des Nachlasses, welcher den der leiblichen Tochter gebührenden Pflichtteil bildet, dieser die freie Verfügung belassen hat. Mehr als den Pflichtteil brauchte Ferdinand Müller seiner Tochter nicht zuzuwenden; über zwei Dritteile seines Nachlasses konnte er anderweitig verfügen. Bis zu dieser Grenze konnte er daher auch seine Miterbin durch letztwillige Verfügung in dem Rechte eigener letztwilliger Anordnung beschränken, weiter aber nicht. Soweit seine Verfügung diese Grenze überschritten hat, war sie von Anfang an nichtig, sie ist als non scripta anzusehen. Ueber ihren Pflichtteil konnte Johanna Müller sohin letztwillig verfügen und mehr als dies hat sie nicht gethan. Ihr Pflichtteil betrug 60,000 ℳ, die beiden von ihr ausgesetzten Vermächtnisse aber belaufen sich zusammen auf nur 55,000 ℳ; sie hat sohin nicht einmal über den vollen Betrag ihres Pflichtteils verfügt, und damit entfällt jeder Grund für die Behauptung, daß durch die Vermächtnisverfügungen die auf dem Testamente des Ferdinand Müller beruhenden Erbansprüche verletzt seien.

Unstichhaltig ist auch der weitere gegen die Giltigkeit der Vermächtnisse erhobene Einwand. Ein Vermächtnis kann nicht blos dem auferlegt werden, dem durch letztwillige Verfügungen etwas zugewendet wird, sondern vielmehr jedem, der aus dem Nachlasse etwas von Todes wegen erwirbt; kann ja doch unbestrittenermaßen z. B. auch der Intestaterbe mit einem Vermächtnisse belastet werden. So kann es auch nicht zweifelhaft sein, daß Johanna Müller die Personen mit der Entrichtung von Vermächtnissen beschweren konnte, denen die den Gegenstand der Vermächtnisse bildenden Vermögensteile zugefallen sein würden, wenn die Vermächtnisverfügungen nicht bestünden.

In der Frage der sogenannten Passivlegitimation beharre ich, obwohl mein klägerischer Kollege und der Anwalt der Beklagten über die entgegengesetzte Auffassung einig zu sein scheinen, auf dem in meinem ersten Vortrage dargelegten Standpunkte. Jene andere Auffassung ließe sich vielleicht vertreten, wenn bezüglich der Frage, ob und unter welchen Umständen die Meißner'schen Kinder zur Erbschaft berufen seien, das Testament der Johanna Müller maßgebend wäre. Dies ist aber, wie ich früher schon betont habe, nicht der Fall, und die in dem Testamente des Ferdinand Müller enthaltene, auf die Meißner'schen Kinder bezügliche Verfügung läßt eine andere, als die von mir vertretene Auslegung unmöglich zu.

Mit dem Einwande, daß die Klagen gegen den von Johanna Müller ernannten Testamentsvollstrecker hätten erhoben werden müssen, scheint der Vertreter der Beklagten die Einrede der mangelnden Prozeßfähigkeit oder der mangelnden gesetzlichen Vertretung im Sinne des § 247, Abs. 2, Ziff. 6 der Zivilprozeßordnung haben vorbringen zu wollen. Auf diesen Einwand weiter einzugehen, kann ich mir schon deshalb ersparen, weil er nicht vor der Verhandlung zur Hauptsache vorgebracht worden ist und nach der Einlassung auf die Hauptsache nicht mehr wirksam geltend gemacht werden kann.

Es erübrigt mir hienach lediglich, meinen Klagsantrag zu wiederholen und, was die einer besonderen Widerlegung nicht bedürftige Widerklage betrifft, deren Abweisung zu beantragen."

Rechtsanwalt Werner entgegnete auf den Vortrag des Vertreters der Beklagten folgendes:

„Abgesehen von dem, was der Vorredner über die den einzigen Gegenstand einer Meinungsverschiedenheit zwischen uns bildende Frage des Erbrechts der Meißner'schen Kinder bemerkt hat, entspricht seine Erwiderung auf die Klagsbeantwortung und Widerklage vollständig auch meiner Auffassung; ich schließe mich daher derselben an. Auf die eben erwähnte Streitfrage brauche ich nicht weiter zurückzukommen; es genügt mir von der Erklärung des Vertreters der Beklagten Akt zu nehmen, daß das Erbrecht der Meißner'schen Kinder auf ein Drittel des Nachlasses von den Miterben anerkannt ist, eine Erklärung, die ich als Zugeständnis sachdiensamst annehme.

Daß mit dem der Rettungsanstalt ausgesetzten Vermächtnisse die Meißner'schen Kinder ausschließlich belastet sind, folgt, wie ich schon dargelegt habe, aus dem Gegenstande des Vermächnisses. Zu dem nämlichen Ergebnisse gelangt man übrigens, wenn man das Vermächtnis nicht als Vermächtnis eines bestimmten Teils des den Meißner'schen Kindern angefallenen Erbteils, sondern als Vermächtnis einer Forderung auffaßt. Gegenstand des Vermächtnisses ist bei dieser Auffassung der Pflichtteilsanspruch der Johanna Müller, soweit er dadurch verletzt ist, daß Ferdinand Müller den genannten Kindern ein volles Drittel des Nachlasses zugewendet hat, und dieser Anspruch kann nur gegen die Personen geltend gemacht werden, welche durch die — wegen Verletzung des Pflichtteils bis zum Betrage des letzteren nichtige — Zuwendung ohne Rechtsgrund bereichert sind. Schuldner der vermachten Forderung sind sohin die Meißner'schen Kinder.

Selbst dann übrigens, wenn es richtig wäre, daß nicht ausschließlich die Meißner'schen Kinder mit dem der Rettungsanstalt ausgesetzten Vermächtnisse belastet seien, würde die gegen dieselben erhobene Klage begründet sein, da, solang die Erbschaft unverteilt ist, von mehreren Erben jeder für die Vermächtnisse als Gesamtschuldner haftet. Würde endlich das Gericht zu der Anschauung kommen, daß die Meißner'schen Kinder überhaupt nicht zur Erbschaft berufen seien, so würde auch dies dem Rechtsbestande des Klagsanspruchs keinen Eintrag thun. Bekanntlich hat der Wegfall des Beschwerten nicht die Hinfälligkeit des Vermächtnisses zur Folge, sondern dieses ist von dem zu entrichten, dem der Wegfall des Beschwerten zu gute kommt. Dies wären im vorliegenden Falle August Müller und Karoline Lang, gegen die sohin in diesem Falle die Klage des Vermächtnisnehmers zu entrichten wäre. Mit Rücksicht hierauf erkläre ich vorsorglich, daß für den bezeichneten Fall die Klage als gegen August Müller und Karoline Lang erhoben gelten soll und beantrage:

Die Beklagten August Müller und Karoline Lang je als Gesamtschuldner, eventuell nach Verhältnis ihrer

Erbteile schuldig zu erkennen, der Klägerin 20,000 ℳ in vierprozentigen Pfandbriefen der Bayerischen Hypotheken- und Wechselbank zu bezahlen und die Kosten des Rechtsstreits zu tragen."

Rechtsanwalt Werner überreichte schriftliche Fertigung dieses Antrags dem Vorsitzenden und fuhr sodann fort:

Eine unzulässige Aenderung der Klage kann hierin nicht erblickt werden, weil infolge der vom Gerichte beschlossenen Verbindung der zwei Prozesse die sämtlichen Beklagten Streitgenossen geworden sind, die Rechtskraft des Urteils somit ohnehin gegen jeden derselben wirken würde.

Der Umstand endlich, daß vierprozentige Pfandbriefe der Bayerischen Hypotheken- und Wechselbank im Nachlasse nicht vorhanden sind, ist ohne allen Belang. Würde die Vermächtnisgeberin durch einen Akt willkürlicher Veräußerung den Besitz der von ihr zur Entrichtung des Vermächtnisses bestimmten Papiere aufgegeben haben, so könnte hierin vielleicht die Zurücknahme der Vermächtnisverfügung erblickt werden. Daß aber ersteres nicht der Fall war, geht aus der eigenen Darstellung des Klägers hervor. Unmöglichkeit der Entrichtung des Vermächtnisses befreit überhaupt den Belasteten nie; an die Stelle der nicht möglichen Leistung tritt eben die Leistung des Interesses. Sollte übrigens wider Erwarten die Entrichtung des Vermächtnisses in dreieinhalbprozentigen Pfandbriefen für zulässig erachtet werden, so wäre die Vermächtnisnehmerin nicht verpflichtet, diese Wertpapiere, deren Kurswert nicht unerheblich unter pari steht, sich anders als zu dem niedrigsten Kurse, den sie in der Zeit vom Tode der Johanna Müller bis zum Tage der Entrichtung des Vermächtnisses gehabt haben werden, anrechnen zu lassen.

Auf die Frage des Vorsitzenden, ob von beklagter Seite noch etwas zu erwidern sei, erklärte Rechtsanwalt Dr. Schröder folgendes:

„Zu einer kurzen Schlußäußerung nötigt mich nur das, was über das angeblich verletzte Pflichtteilsrecht der Johanna Müller von den beiden klägerischen Vertretern gesagt worden ist. Wäre, was ich wiederholt bestreite, durch das Testament vom 20. Februar 1872 das Recht der Johanna Müller auf Hinterlassung des Pflichtteils verletzt worden und hätte sie dieses Recht zur Geltung bringen wollen, so hätte sie, statt das Testament anzuerkennen, es mit der querela inofficiosi testamenti anfechten müssen. Diese Klage verjährt bekanntlich in fünf Jahren, das Klagerecht ist überdies ein höchst persönliches und kann deshalb nicht Gegenstand eines Vermächtnisses sein."

Auf die von dem Vorsitzenden an den Rechtsanwalt Dr. Schröder gerichtete weitere Frage, was er etwa auf den von dem Rechtsanwalte Werner gestellten anderweitigen Klagsantrag zu entgegnen beabsichtige, bemerkte derselbe, daß ihm wegen der seiner Ansicht nach ganz unzweifelhaften Nichtigkeit der Vermächtnisverfügung dieser Antrag zu einer weiteren Entgegnung keinen Anlaß gebe.

Auf schließliche allgemeine Frage des Vorsitzenden erklärten die drei Rechtsanwälte, daß sie ihren Ausführungen in thatsächlicher und rechtlicher Beziehung nichts mehr beisetzen könnten und wollten.

Der Vorsitzende erklärte hierauf die Verhandlung für geschlossen und beraumte zur Verkündung der Entscheidung Termin auf den 7. Dezember nachmittags 5 Uhr an.

Das Sitzungsprotokoll wurde den Anwälten zur Durchsicht vorgelegt und von diesen genehmigt.

Probe-Aufgabe
aus dem Staatsrecht des deutschen Reiches.

I.

Durch das Reichsgesetz vom 17. März 1878, die Stellvertretung des Reichskanzlers betreffend, ist die Zulässigkeit der Übertragung der dem Reichskanzler zukommenden Obliegenheiten auf andere Personen, allgemein und für einzelne Amtszweige, festgestellt.

Wodurch unterscheidet sich das hiedurch geschaffene Verhältnis

a) einerseits von dem früheren, vor Einführung dieses Gesetzes gültig gewesenen Rechtszustande,
b) anderseits von der mehrfach in Anregung gekommenen Errichtung von Reichsministerien?

II.

Jakob Stein, beheimatet in Speyer, wanderte im Jahre 1880 heimlich nach Nordamerika aus und erwarb sich dort das Bürgerrecht. Nachdem er sich bis zum Jahre 1887 ununterbrochen in den Vereinigten Staaten aufgehalten hatte, kehrte er wieder nach Speyer zurück, um das elterliche Geschäft daselbst zu übernehmen. Zugleich suchte er um Wiederaufnahme in den bayerischen Staatsverband nach, indem er sich auf die Bestimmung in § 21 Abs. 5 des Gesetzes über die Erwerbung und den Verlust der Bundes- und Staatsangehörigkeit vom 1. Juni 1870 berief, wornach ihm die Aufnahme nicht verweigert werden könne.

Es ist zu untersuchen, ob dem Gesuchsteller das von ihm behauptete Recht auf Wiedererwerb der bayerischen Staatsangehörigkeit zur Seite steht.

Probe-Aufgabe
aus dem bayerischen Staatsrecht.

I.

Nach Tit. X § 3 der Verfassungsurkunde haben alle Staatsbürger bei der Ansässigmachung den sogenannten Staatsbürgereid zu leisten.

Was ist im Sinne dieser Vorschrift unter Staatsbürger und Ansässigmachung zu verstehen?

Welche Behörden sind berechtigt, diesen Eid abzunehmen? Kann die Ableistung desselben erzwungen werden?

II.

Ein bayerischer Offizier steht nacheinander in München, Speyer und Metz in Garnison.

Am letzteren Orte will er sich verehelichen und sucht zu diesem Zwecke erst beim Magistrat München, wo er zum Offizier ernannt wurde, dann beim Bezirksamt Speyer um das distriktspolizeiliche Verehelichungszeugnis nach, wird aber an beiden Behörden wegen mangelnder Zuständigkeit abgewiesen. Sind diese Abweisungen begründet?

III.

Das uneheliche Kind der in Breslau geheimateten Johanna Meier ist durch die im Jahre 1869 erfolgte Verehelichung der Mutter mit dem in München beheimateten Joseph Huber legitimiert worden. Als im Jahre 1880 beide Eltern gestorben waren, ist dasselbe in München der öffentlichen Armenpflege anheimgefallen.

Der Magistrat München verlangt nun auf Grund des Art. 18 des Gesetzes über Heimat und vom 16. April 1868, daß die Unterstützung dieses Kindes von der bayerischen Staatskasse übernommen werde, da dasselbe trotz der im Jahre 1869 erfolgten Legitimation die bayerische Staatsangehörigkeit und daher auch die Heimat in München nicht erlangt habe, weil dem damals geltenden Indigenatsedikte die Gleichstellung der legitimierten Kinder mit den ehelichen fremd sei.

Das Fiskalat bestreitet dieses Ansinnen, indem es behauptet, daß das fragliche Kind mit der Einführung des Norddeutschen Bundesgesetzes vom 1. Juni 1870 in Bayern gemäß § 4 dieses Gesetzes die bayerische Staatsangehörigkeit und gleichzeitig gemäß Art. 1 Abs. 3 des Heimatgesetzes auch die Heimat in München erlangt habe. Auch beruft sich das Fiskalat auf § 4 des Gothaer Vertrags vom 15. Juli 1851, wornach schon zur Zeit der Verehelichung der Eltern deren hiedurch legitimiertes Kind einem ehelich geborenen gleich zu achten war.

Wie ist unter Würdigung der beiderseits vorgebrachten Gründe diese Streitigkeit zu entscheiden?

Probe-Aufgabe
aus dem katholischen Kirchenrechte.

I.

Der katholische Pfarrer Nikodemus in Hochkirch glaubt nach einer schweren Krankheit sich nicht mehr vollständig erholen zu können und suchte daher, obwohl er erst 60 Jahre zählte, um das im magistratischen Patronate stehende Spitalbenefizium in der Stadt Pappenburg nach. Als er dasselbe unter landesherrlicher Bestätigung erhalten hatte, reiste er nach N. und erbat bei dem bischöflichen Ordinariate daselbst die Investitur. Dort wurde ihm aber bemerkt, im Hinblicke auf den großen Priestermangel sei es der dringende Wunsch des Bischofs, daß er bis zur Ernennung eines anderen Pfarrers für Hochkirch diese Pfarrei einstweilen vikariere. Nikodemus erklärte sich hierzu bereit, die Investitur auf das Benefizium in Pappenburg blieb ausgesetzt, Nikodemus aber wurde als Vikar der Pfarrei Hochkirch angewiesen und es wurde ihm von der Kreisregierung im Einvernehmen mit dem Ordinariate ein angemessener Vikariatsbezug ausgesetzt. Die Pfarrei Hochkirch steht in zwischen dem Landesherrn und dem Bischofe alternierender Besetzung, Nikodemus hatte dieselbe durch bischöfliche Kollation erhalten. Als bei der Ausschreibung der Pfarrei ein tauglicher Bewerber sich nicht meldete, trat bei der wiederholten Ausschreibung auch Nikodemus, der inzwischen seine volle Gesundheit wieder erlangt hatte, ebenfalls als Bewerber auf und es wurde ihm als dem ältesten und bestqualifizierten Bewerber auch wirklich die Pfarrei Hochkirch vom Landesherrn verliehen. Nun richtete Nikodemus gleichlautende Vorstellungen an die Kreisregierung und das Ordinariat in N mit der Bitte, es möchte doch von der Investitur und Installation Umgang genommen werden, weil ihm dadurch Kosten erspart würden, weil er ferner thatsächlich nie aufgehört habe, Pfarrer in Hochkirch zu sein und auf das Benefizium in Pappenburg nicht investiert worden sei, weil endlich sein Ansehen in der Pfarrgemeinde Hochkirch, die ihn ohne nähere Kenntnis des inzwischen Vorgefallenen stets als ihren Pfarrer betrachtet und benannt habe, durch eine nochmalige Installation geschädigt würde.

Gleichzeitig traf aber bei beiden Stellen ein Gesuch des Magistrats Pappenburg ein, es wolle Priester Nikodemus unverweilt zum Antreten des Benefiziums dortselbst angehalten werden, da er die Präsentation auf das Benefizium angenommen, die landesherrliche Bestätigung erbeten und erhalten habe, sohin Benefiziat in Pappenburg sei und die Wiederverleihung der Pfarrei Hochkirch an denselben offenbar auf einem Irrtum beruhe, weil Nikodemus den zur Bewerbung um eine landesherrliche Pfarrei gesetzlich notwendigen Revers vom Magistrate weder erbeten noch erhalten habe, weshalb diese Pfarrverleihung rechtsunwirksam sei.

Das Ordinariat ersucht die Regierung um Mitteilung ihrer Anschauung über die angeregten Fragen.

Aufgabe: Wie hat die Antwort der Regierung zu lauten und wie ist sie zu motivieren?

II.

In Obernheim und Niedernheim, welche beide Ortschaften eine katholische Pfarrgemeinde bilden, befindet sich je eine Kirche mit Friedhof. Der Pfarrhof befindet sich in Niedernheim, aber die Pfarrgottesdienste finden seit uralter Zeit in Obernheim statt, die Kirche dort ist die Pfarrkirche, Beerdigungen und Trauergottesdienste finden je nach Wunsch der Beteiligten in Obernheim oder Niedernheim statt. Da verkündet eines Tages der Pfarrer unter Verlesung einer genehmigenden Entschließung des bischöflichen Ordinariates N, er werde künftig alle Pfarr- und Trauergottesdienste in der Kirche zu Niedernheim halten, welche nun als Pfarrkirche gelte, weil sie etwas geräumiger sei, weil Niedernheim im Laufe der Jahre an Bevölkerung so gewachsen sei, daß dort 3/4 der Gesamtpfarrgemeinde wohnen, und es deshalb unbillig sei, den Niedernheimern und dem Pfarrer auch künftig noch den beschwerlichen Weg zu dem eine Viertelstunde entfernten, auf steiler Höhe gelegenen Obernheim zuzumuten.

Das von den Obernheimern um Schutz ihres alten Rechtes gebetene Bezirksamt O legt nach einem vergeblichen Vermittlungsversuche die Akten der Kreisregierung mit dem Bemerken vor, die vom Pfarrer vorgebrachten thatsächlichen Momente seien richtig.

Aufgabe: Welche Maßregeln hat die Regierung zu treffen und wie hat sie dieselben zu begründen?

III.

Kanonikus Naso vom Kollegiatstifte in R reiste im Auftrage seines Kapitels mit Genehmigung des Bischofs nach Florenz, um dort in einer für die Geschichte und die Rechtsverhältnisse des Stiftes wichtigen Sache wissenschaftlichen Studien und Forschungen obzuliegen. Es wird ihm hiezu vorerst ein halbjähriger Urlaub bewilligt und für die kleine mit dem Stift verbundene Pfarrei, welche Kononikus Naso bisher verwaltete, ein Verweser bestellt. Da nach einem halben Jahre und auch mehrere Monate später keinerlei Bericht von ihm einläuft und mehrfache Mahnungen des Kapitels unbeantwortet bleiben, sistiert dasselbe die Zahlung der Präbendebezüge für Naso, sowie der Reiseunterstützung und zeigt die Sache dem Bischof mit dem Beifügen an, zuverlässigen Nachrichten zufolge betreibe Kanonikus Naso in Florenz eigentlich Privatstudien und habe sogar an einer Kirche in Florenz ein Benefizium übernommen.

Das Ordinariat R erläßt nun eine Entschließung an Naso, worin es denselben wegen unberechtigten Fernbleibens von Amt und Pfründe mit 100 ℳ Geldstrafe belegt und ihm die unverweilte Rückkehr binnen längstens 14 Tagen unter dem Präjudiz befiehlt, daß er nach fruchtlosem Verlauf der ihm gewährten Frist als seines Kanonikates entsetzt zu erachten sei.

Nunmehr wendet sich Kanonikus Naso unter Übersendung eines Teiles der ihm vom Kapitel übertragenen Arbeit an die Kreisregierung in R, bittet um landesherrlichen Schutz in seinen Rechten und bemerkt: die ihm vom Kapitel zur Pflicht gemachte Lösung einer für das Stift höchst wichtigen Frage sei so schwierig, daß er dieselbe in der ihm übrigens nur „vorläufig“ festgesetzten Zeit nicht habe beenden können. Er habe allerdings, weil die ihm aus der Heimat zufließenden Mittel zu seiner Subsistenz in Florenz nicht ausreichten, dort ein einfaches Meßbenefizium angenommen, könne aber dasselbe jeden Tag aufgeben und werde dies auch sofort thun, sobald seine Arbeit fertig sei. Sein einziger Fehler sei, daß er versäumt habe, rechtzeitig um Urlaubsverlängerung nachzusuchen, deshalb dürfe man aber nicht gleich seine Bezüge einstellen oder gar unter Verhängung einer Geldstrafe ihn als amoviert erklären. Er bitte um so mehr um den Schutz der Kreisregierung, als er sein Kanonikat durch landesherrliche Verleihung erhalten habe, ferner auch als Pfarrer und Schul-Inspektor unter der Regierung stehe und daher das Ordinariat nicht einseitig gegen ihn vorgehen dürfe.

Aufgabe: Was hat die Regierung zu thun und wie wird sie ihre Maßnahmen begründen?

Probe-Aufgabe
aus dem protestantischen Kirchenrecht.

I.

Der protestantische Pfarrer zu R wurde nach einem in der Diaspora gelegenen, zur katholischen Pfarrei S gehörigen Marktflecken S gerufen, um einem dortselbst wohnenden, schwer erkrankten Privatier, reformierten Bekenntnisses, das hl. Abendmahl zu reichen. Seine Anwesenheit daselbst wurde ohne sein Zuthun den wenigen dort lebenden Protestanten bekannt. Dieselben ersuchten diesen Geistlichen, auch ihnen die hl. Kommunion zu spenden, nachdem ihnen bei der über 12 Stunden betragenden Entfernung der nächstgelegenen protestantischen Pfarrei nur äußerst selten Gelegenheit gegeben sei, dieses Gnadenmittel zu genießen. Zu diesem Zwecke stellte ein Protestant die in seinem Besitze befindliche Hauskapelle zur Verfügung. Der Geistliche erklärte sich bereit, diesem Ansinnen nachzukommen und es wurde von ihm das hl. Abendmahl nicht nur dem erkrankten Privatier in seiner Wohnung, sondern auch in der bezeichneten Kapelle ungefähr 15 Personen gereicht. Eine Anzeige hierüber erfolgte weder vom Geistlichen, noch vom Eigentümer der Privatkapelle, weil beide dies nicht für nötig erachteten. Zugleich erbot sich der protestantische Geistliche auf Wunsch der Protestanten zu S zu gleichem Zwecke im nächsten Jahr wieder zu kommen.

Als das katholische Pfarramt S hievon Nachricht erhalten hatte, erstattete es hierüber Bericht an das bischöfliche Ordinariat. Dieses wandte sich wegen des fraglichen Vorganges beschwerend an die K. Regierung mit der Bitte, das Geeignete zu verfügen, da ihm nicht bekannt sei, daß in S ein protestantischer Gottesdienst gehalten werden dürfe, und der protestantische Geistliche nicht einmal dem katholischen Pfarramte S, in dessen Sprengel die hl. Handlung vorgenommen wurde, eine vorgängige Anzeige gemacht habe, was unter allen Umständen den allgemeinen kirchenrechtlichen Bestimmungen gemäß hätte erfolgen sollen. Das Ordinariat fühlte sich weiter dadurch beschwert, daß die fragliche Abendmahlsfeier in einer notorisch katholischen Kapelle abgehalten wurde, die allerdings jetzt im Eigentum eines Protestanten stünde, aber stets dem katholischen Kultus gewidmet gewesen und in welcher erst wenige Tage vorher das hl. Meßopfer gefeiert worden sei. Auch müsse das Ordinariat schon jetzt gegen eine Wiederholung ähnlicher Vorkommnisse im Hinblick auf § 3, 76—79 der II. Verfassungsbeilage Protest einlegen.

Die K. Regierung forderte zunächst das K. protestantische Konsistorium zur Aeußerung hierüber auf. Letzteres bemerkte, daß der erkrankte Privatier zu S wohl zweifellos nur von einem ihm verfassungsmäßig zustehenden Rechte Gebrauch gemacht habe. Was aber die in der Privatkapelle von dem protestantischen Pfarrer von R abgehaltene Abendmahlsfeier betreffe, so müsse zunächst darauf Bezug genommen werden, daß der Simultangebrauch christlicher Kirchen im Prinzipe zulässig sei. Die fragliche Austeilung des hl. Abendmahls sei aber auch nur privatim und an keinem öffentlichen Orte geschehen und stelle sich lediglich als ein Akt der Seelsorge dar, weshalb auch eine vorgängige Anzeige an den betreffenden katholischen Sprengelpfarrer in Ermanglung einer diesbezüglichen gesetzlichen Bestimmung nicht erforderlich gewesen sei. Wenn aber der protestantische Pfarrer zu R hienach zur Vornahme dieser geistlichen Handlung in der geschehenen Weise zweifelsohne berechtigt gewesen sei, so könne ihm auch das Anerbieten, in künftigen Jahren auf Ersuchen der beteiligten Protestanten in gleicher Weise zu verfahren, nicht verboten werden. Hienach wird gebeten, den Protest des bischöflichen Ordinariats nach allen Richtungen abzuweisen.

Aufgabe: Es ist dieser Streitgegenstand einer eingehenden rechtlichen Würdigung zu unterziehen.

II.

Das protestantische Pfarramt Z weigerte sich nach Ableben des Kirchenpatrons von Z, Gutsbesitzer Frhrn. v. A das nachgewiesenermaßen herkömmliche dreitägige Trauergeläute vorzunehmen. Dagegen beschwerte sich der Sohn des verlebten Kirchenpatrons beim K. Bezirksamte, welches die unverzügliche Vornahme des Trauergeläutes auf Grund des § 24 der VI. Verfassungsbeilage bei Vermeidung der Zwangseinschreitung anordnete. Das protestantische Pfarramt fügte sich der Anordnung, erstattete aber nachträglich durch das Dekanat über diesen Vorgang Anzeige an das K. protestantische Konsistorium. Letzteres wandte sich hierauf an die K. Regierung mit dem Beifügen, daß das K. Bezirksamt durch seine Anordnung die bestehenden Kompetenznormen, wonach im vorliegenden Falle die Kirchenleitung zur Sachbehandlung zuständig erscheine, außer Acht gelassen und seine Befugnisse überschritten habe. Zur Begründung seiner Ansicht führte das K. Konsistorium aus, daß nach den durch § 11 des II. Anhangs zur II. Verfassungsbeilage ausdrücklich aufrecht erhaltenen Instruktionen für das General-Konsistorium und für die General-Kreis-Kommissariate in Beziehung auf das Kirchenwesen der protestantischen Gesamtgemeinde des Königreichs Bayern vom 8. September 1809 § 77 die Vollziehung der K. Deklarationen und Edikte über die Rechte der mediatisierten Fürsten, Grafen und

Herrn, dann über die Rechte und Pflichten der Privatpatrone in Rücksicht der evangelischen Kirchensachen dem Generalkonsistorium, jetzt Oberkonsistorium und den Konsistorien, übertragen ist.

Die K. Regierung entgegnete hierauf, ohne auf diese Anschauung des K. Konsistoriums einzugehen, daß sie das Vorgehen des K. Bezirksamts in der fraglichen Angelegenheit den gesetzlichen Bestimmungen sowohl wie den thatsächlichen Verhältnissen entsprechend erachte und berief sich dabei auf die § 24 und 25 der Allerhöchsten Formationsverordnung vom 17. Dezember 1825 und Art. 1 Abs. 3 des Polizeistrafgesetzbuches.

Hiegegen rief das K. Konsistorium die Entscheidung des K. Staatsministeriums an, welche zu entwerfen ist.

III.

Der Stadt Z steht auf Grund einer Allerhöchsten Verleihungsurkunde vom 1. Juni 1825 das Patronatrecht an der St. Johanniskirche zu Z im vollen Umfange zu. Im Jahre 1888 sollte nun die bisher zur St. Johanniskirchengemeinde gehörige politische Gemeinde A aus dem Verbande der ersteren ausgeschieden und aus ihr eine selbständige Parochie gebildet werden, nachdem sämtliche Voraussetzungen des § 88 der II. Verfassungsbeilage erfüllt waren. Mittel aus der Kirchenstiftung St. Johannis sollten zur Dotation der Tochterkirche nicht verwendet werden.

Die Stadt Z beanspruchte nun das Patronatrecht, event. ein Präsentationsrecht bezüglich der Tochterkirche A. Dadurch nämlich, daß die Stadt Z Patron der St. Johanniskirche ist, folge kraft des Gesetzes, daß derselben auch an der davon abgezweigten Kirche zu A ein Patronatsrecht, event. ein auf die dortige Pfarrstelle bezügliches Präsentationsrecht zustehe, nachdem das Patronatrecht ein Recht territorialer Natur sei und bei einer Teilung der Patronatparochie nicht geschmälert werden dürfe, was der Fall sei, wenn der Patron künftig nur für den bei der Mutterkirche zurückbleibenden Teil des Kirchensprengels zu präsentieren habe. Soferne daher der Stadt Z nicht wenigstens das Präsentationsrecht auf die neue Pfarrstelle zugestanden werde, müsse der Patron dem Dismembrationsprojekte überhaupt seine Zustimmung versagen.

Das K. Konsistorium erklärte, diese Auffassung des Patronats nicht teilen zu können, das Patronatrecht trage vielmehr den Charakter eines jus singulare spirituali annexum an sich. Sei aber das Patronatrecht kein Recht territorialer Natur, so könne in der Errichtung einer Tochterkirche unter Teilung des Pfarrsprengels mit Beschränkung des Präsentationsrechtes des Patrons auf den bei der Mutterkirche verbleibenden Teil des Pfarrsprengels ein Eingriff in die bestehenden Rechte des Patrons nicht erblickt werden. Hienach sei der Anspruch der Stadt Z zurückzuweisen und habe bezüglich der Tochterkirche das freie Besetzungsrecht Platz zu greifen.

Aufgabe: Es sind die beiderseitigen Rechtsansprüche eingehend rechtlich zu begründen, beziehungsweise zu entkräften.

Probe-Aufgabe
aus der Polizeiwissenschaft.

I.

Ist infolge des Reichsgesetzes vom 22. März 1888, den Schutz von Vögeln betreffend (R.-G.-Bl. S. 111), eine Revision der bayerischen Bestimmungen über Vogelschutz veranlaßt? Wenn ja, warum und in welchen Richtungen?

II.

Welchen Zweck verfolgen die in Bayern geltenden Bestimmungen über Beförderung von Auswanderern nach überseeischen Ländern und über die Geschäftsführung der Auswanderungsagenten?

Sind diese Bestimmungen nach jeder Richtung zweckmäßig und ausreichend? Wenn nein, nach welchen Richtungen wären dieselben etwa abzuändern oder zu ergänzen?

Probe-Aufgabe
aus dem Polizeirechte.

I.

Bei der am 3. November l. J. vorgenommenen Feuerbeschau in A, Bezirksamt B, wurde hinsichtlich einer Brandmauer in den Gebäuden des Bierbrauers C festgestellt, daß dieselbe zwar zur Zeit noch nicht dem Einsturz drohe, wohl aber einige den bestimmungsmäßigen Feuerschutz der Brandmauer immerhin beeinträchtigende Risse zeige.

Da C dem bei der Feuerbeschau mitanwesenden Bürgermeister von vorneherein erklärte, daß er einer etwaigen Aufforderung zur Reparatur der Brandmauer nicht Folge zu leisten gedenke, so erstattete der Bürgermeister Anzeige an das Bezirksamt, und dieses erteilte mit Verfügung vom 14. Nov. l. J. unter Bezugnahme auf Art. 21, Abs. I, II und IV des P.-Str.-G.-B. dem C den Auftrag, binnen 14 Tagen die gedachte Brandmauer in vollkommen feuersicheren Stand zu setzen, widrigenfalls er eine Ungehorsamsstrafe von 20 ℳ zu gewärtigen habe und die Ausführung der erforderlichen Arbeiten auf seine Kosten von Amtswegen werde angeordnet werden.

C erhob hiegegen Beschwerde bei der dem Bezirksamte B vorgesetzten Regierung, Kammer des Innern, und bat um Aufhebung der gedachten bezirksamtlichen Verfügung, indem er ausführte, daß ihm kein Gesetz und auch keine Verordnung bekannt sei, auf Grund deren einem Gebäudebesitzer die Ausbesserung einer schadhaften Brandmauer zur Auflage gemacht werden könnte; daß ferner die angefochtene Verfügung auch um deßwillen nicht gerechtfertigt erscheine, weil beim Vollzuge des angeführten Art. 21, falls dieser Artikel überhaupt hier zutreffen würde, nicht gleichzeitig nach Abs. II und IV, sondern vorerst nur nach Abs. II und erst dann, wenn dessen Anwendung sich als erfolglos erwiesen habe, nach Abs. IV vorgegangen werden könnte.

Aufgabe ist, unter Würdigung der gegebenen Verhältnisse

und einschlägigen Bestimmungen zu erörtern, wie die Beschwerde zu bescheiden sein wird.

II.

Ueber den Hofraum des Gütlers A in B führt ein öffentlicher Weg, an welchem sich ein Brunnen befindet, dessen runde Oeffnung von etwa 2 m Durchmesser nur mit einer 0,40 m hohen Mauer umgeben, im Uebrigen aber gegen den vorbeiführenden Weg gänzlich unverwahrt ist.

Infolge einer eingekommenen Anzeige erklärte das Bezirksamt C mittels schriftlicher Verfügung den Gütler A für verpflichtet, den Brunnen so zu verwahren, daß jede Gefahr für Personen beseitigt werde, und ließ ihm zugleich die Aufforderung zugehen, dieser Verpflichung binnen drei Tagen nachzukommen.

A leistete jedoch der Aufforderung keine Folge, sondern beschwerte sich gegen die bezirksamtliche Verfügung bei der vorgesetzten Kreisregierung, Kammer des Innern, indem er um Aufhebung der gedachten Verfügung bat und dabei ausführte, daß er zur Verwahrung des Brunnens nicht verhalten werden könne, weil der Weg, an welchem der Brunnen sich befindet, unbestritten in seinem Privateigentum stehe, bis jetzt — von einem einzigen Falle abgesehen — noch Niemand in dem Brunnen verunglückt sei und bei der Anwendung gehöriger Vorsicht keine Gefahr für die vorübergehenden Personen bestehe.

Aufgabe ist, unter Anführung der einschlägigen gesetzlichen Bestimmungen zu erörtern, wie die Beschwerde zu bescheiden ist und wornach sich das weitere Vorgehen der Polizeibehörde zu bemessen hat.

I. Probe-Aufgabe
aus der Volkswirtschaft.

I. Was versteht man unter Wucher?

In welchen Formen tritt der Wucher auf dem Lande und in Städten hauptsächlich zu Tage?

Welche Änderungen in der bayerischen Gesetzgebung sind durch das Reichsgesetz vom 24. Mai 1880 „betreffend den Wucher“ eingetreten?

Hat dieses Reichsgesetz zur Bekämpfung des Wuchers in ausreichender Weise beigetragen?

Welche Maßnahmen wären eventuell zur Beseitigung des Wuchers noch veranlaßt?

II. Welche Kreditquellen stehen dem Landwirte in Bayern zur Verfügung und nach welchen Grundsätzen erfolgt in der Regel die Darlehenshingabe?

II. Probe-Aufgabe
aus der Volkswirtschaft.

I. Welchen Einfluß äußert die Entwicklung der Großindustrie auf das Handwerk?

Welche Mittel sind zur Förderung und Erhaltung des Handwerks anzuwenden?

II. Welche Bestrebungen treten in Bezug auf den Befähigungsnachweis für das Handwerk in neuerer Zeit hervor?

Sind dieselben berechtigt und eventuell in welcher Begrenzung?

I. Frage
aus der Staatsfinanzwirtschaft.

Bei welchen indirekten Steuern findet nach den in Bayern geltenden reichs- und landesgesetzlichen Bestimmungen bei der Ausfuhr der von der Steuer betroffenen Gegenständen eine Steuervergütung statt?

Aus welchen Erwägungen werden solche Steuervergütungen gewährt und welche Gesichtspunkte kommen bei der Bemessung des Vergütungssatzes in Betracht? Unter welchen Verhältnissen kann es etwa gerechtfertigt erscheinen, dauernd oder vorübergehend eine über die erhobene Steuer hinausgehende Vergütung zu gewähren?

In welchen Formen können solche Exportprämien vorkommen?

II. Frage
aus der Staatsfinanzwirtschaft.

Was bildet den wesentlichen Inhalt des in Bayern bestehenden Grundsteuerkatasters und welche wesentliche Änderung desselben wurde durch das Gesetz vom 19. Mai 1881, einige Abänderungen an den Gesetzen über die allgemeine Grund- und Haussteuer betreffend, herbeigeführt?

Welchen Zwecken dient der bayerische Grundsteuerkataster?

Auf welche Weise wird für seine Evidenthaltung Sorge getragen?

Inwieferne wäre derselbe nach seiner jetzigen Beschaffenheit etwa geeignet, im Falle der Einführung des Grundbuchsystems als Unterlage für das herzustellende Grundbuch zu dienen?

Praktischer Fall
aus dem Gebiete der inneren Verwaltung.

I.

I. Der verheiratete Maurergeselle Johann Schmitt, wohnhaft und beheimatet in der Gemeinde A,[1]) K. Bezirksamt D, beschäftigt mit einem Taglohn von 3 ℳ bei dem Maurermeister Weber in A, verunglückte am Montag, den 9. April 1888 nachmittags bei einem von seinem Arbeitgeber in der benachbarten Gemeinde B[1]), gleichfalls K. Bezirksamts D, aufgeführten Neubaue während der Arbeit dadurch, daß er von einem Baugerüste fiel und einen Bruch des rechten Beines erlitt.

Da der Verletzte mittellos und nicht transportfähig war, nahm sich die Armenpflege B seiner an, indem sie ihn wegen Mangels eines Krankenhauses in der Gemeinde B bei dem Bader Huber daselbst unterbrachte, wo Schmitt 5 Wochen lang verpflegt und ärztlich behandelt wurde. Hiefür sind der Gemeinde B an Verpflegungskosten per Tag 1 ℳ 30 ₰ (in Summa für 35 Tage 45 ℳ 50 ₰), ferner an ärztlichen Deserviten 40 ℳ, an Apothekerkosten 15 ℳ und für Anschaffung einer Beinschiene eine Ausgabe von 50 ℳ erwachsen. Die Anschaffung der Beinschiene war auf Grund einer Mit-

1) Für das rechtsrheinische Bayern: Die Gemeinde A ist eine mittelbare Gemeinde mit städtischer Verfassung; die Gemeinden B und C sind Landgemeinden.

teilung des behandelnden Arztes in B erfolgt, daß ein solcher chirurgischer Apparat mit Rücksicht auf die durch den Bruch verursachte erhebliche Krümmung und Verkürzung des Beines zur Wiedererlangung der Arbeitsfähigkeit für Schmitt notwendig sei.

Noch am 9. April 1888 erstattete der Bürgermeister von B unter Bezugnahme auf die Art. 10—13 und 31 des Gesetzes vom 29. April 1869 über die öffentliche Armen- und Krankenpflege an den Bürgermeister von A schriftliche Anzeige von der Verletzung des Maurergesellen Schmitt und von der durch die Armenpflege B übernommenen Hilfeleistung, ohne daß von der Gemeinde A eine Erwiderung auf diese Anzeige erfolgt wäre.

Nach Umfluß von 5 Wochen, am Dienstag, den 15. Mai, war Schmitt nach dem Gutachten des behandelnden Arztes in B soweit wieder hergestellt, daß er zu seiner Familie nach A zurückkehren konnte, jedoch sein verletztes Bein noch längere Zeit schonen und sich jeder schweren Arbeit enthalten sollte. Schmitt beschäftigte sich nun damit, daß er in seiner Wohnung Zündholzschachteln für eine Zündholzfabrik in A anfertigte, womit er sich täglich 50 ₰ verdiente. Ein an die Gemeinde-Krankenversicherung von A gestelltes Gesuch um Gewährung eines Krankengeldes wurde von dieser abgewiesen.

Nach weiteren 3 Wochen, am Dienstag den 5. Juni, nahm Schmitt, ohne vorher neuerdings einen Arzt zu Rate zu ziehen die Beschäftigung als Maurergeselle wieder auf und trat mit einem Taglohne von 2 ℳ bei dem Maurermeister Fischer in C[1]), K. Bezirksamt D, in Arbeit, von welchem Schmitt rechtzeitig bei der Gemeinde-Krankenversicherung in C angemeldet wurde. Zugleich siedelte er mit seiner Familie — Ehefrau und 2 Kindern im Alter von 5 und 3 Jahren — von A nach dem benachbarten C über.

Schmitt arbeitete 2 Wochen lang bei dem Maurermeister Fischer in C, mußte jedoch am Dienstag, den 19. Juni infolge einer durch die Anstrengung des gebrochenen rechten Beines beim Arbeiten hervorgerufenen entzündlichen Anschwellung desselben die Arbeit wieder einstellen. Schmitt meldete sich sofort bei der Gemeinde-Krankenversicherung in C, um die gesetzliche Krankenunterstützung, welche ihm auch von der letzteren auf die Dauer von zwei Wochen — von Dienstag, den 19. Juni bis Mittwoch, den 2. Juli einschießlich — gewährt, von da an aber unter Verweisung des Schmitt an die Gemeinde-Krankenversicherung von A demselben wieder entzogen wurde. Schmitt wendete sich nun an die Gemeinde-Krankenversicherung von A mit der gleichen Bitte, wurde aber auch hier abschlägig beschieden.

II.

Am 1. Juni 1888 erhob der Armenpflegschaftsrat B beim K. Bezirksamte D unter Bezugnahme auf seine an die Gemeinde A erstattete Anzeige vom 9. April 1888 gegen die Armenpflege von A, eventuell gegen die dortige Gemeinde-Krankenversicherung, Anspruch auf Ersatz der der Gemeinde B für die fünfwöchentliche Verpflegung und ärztliche Behandlung des Maurergesellen Schmitt in der Zeit vom 10. April bis 14. Mai 1888 einschließlich sowie für die Anschaffung einer Beinschiene erwachsenen Kosten im Gesammtbetrage von 150 ℳ 50 ₰.

Sowohl der Armenpflegschaftsrat A als die Verwaltung der dortigen Gemeinde-Krankenversicherung lehnten jedoch jede Ersatzleistung ab, und zwar zunächst die Armenpflege A mit dem Bemerken, daß Maurergeselle Schmitt zweifellos zu den nach dem Reichsgesetze vom 15. Juni 1883 über die Krankenversicherung der Arbeiter und nach dem bayerischen Ausführungsgesetze hiezu vom 28. Februar 1884 versicherungspflichtigen Personen gehöre und daß daher die Armenpflege A bei der Sache in keiner Weise beteiligt sei.

Von der Verwaltung der Gemeinde-Krankenversicherung von A wurde folgende Erklärung abgegeben:

Der Maurergeselle Johann Schmitt sei zur Zeit des erlittenen Unfalls nicht in der Gemeinde A, sondern in der Gemeinde B bei dem daselbst von dem Maurermeister Weber von A aufgeführten Neubau beschäftigt gewesen und unterliege daher auch der Gemeinde-Krankenversicherung nicht in A, sondern in B, da nach § 5 KVG.[2]) für das Versicherungsverhältnis in erster Linie der Ort der Beschäftigung (die Arbeitsstätte) Maß zu geben habe.

Sollte Schmitt aber der Gemeinde-Krankenversicherung in A angehören, so habe die Gemeinde B es unterlassen, von der übernommenen Hilfeleistung die vorschriftsmäßige Anzeige im Sinne des Art. 1 § 2 Ausf.G.[2]) zu erstatten, da die Anzeige vom 9. April 1888 nicht vom Armenpflegschaftsrate B, sondern vom Bürgermeister von da und nicht an die Verwaltung der Gemeinde-Krankenversicherung von A, sondern an den Bürgermeister daselbst, und zwar an den letzteren, wie aus der Bezugnahme auf die Bestimmungen des Armengesetzes hervorgehe, offenbar in seiner Eigenschaft als Vorstand des Armenpflegschaftsrates, erstattet worden sei. Durch diese wesentlichen Formfehler habe die Gemeinde B von vornherein jeden Ersatzanspruch verwirkt.

Aber auch die Höhe der erhobenen Ersatzforderung müsse beanstandet werden. Denn die Gemeinde-Krankenversicherung könne der Hilfe leistenden dritten Gemeinde gegenüber doch zweifellos nicht zum Ersatze höherer Kosten verpflichtet sein, als sie — die Gemeinde-Krankenversicherung — selbst in dem betreffenden Falle an den Unterstützungsberechtigten zu leisten gehabt hätte. Unter den „notwendigen Kosten“ im Sinne des Art. 1 § 2. Ausf.-Ges. könnten daher nur die notwendigen Leistungen der Gemeinde-Krankenversicherung nach Art. 1 § 1 Abs. 1. Ausf.-Ges. im Zusammenhalte mit § 6 KVG. im Gegensatz zu der freiwilligen Leistung nach § 7 Abs. 1 KVG. verstanden sein, und zwar sowohl in Bezug auf das Maß als den Zeitraum der Unterstützungspflicht. Da nun das Krankengeld für erwachsene männliche Arbeiter in der Gemeinde A 75 ₰[3]) für den Arbeitstag betrage, so

2) KVG. = Reichs-Krankenversicherungsgesetz vom 15. Juni 1883. Ausf.-Ges. = bayerisches Ausführungsgesetz hiezu vom 28. Februar 1884. UG. = Unfallversicherungsgesetz vom 6. Juli 1884.

3) Der von der K. Kreisregierung festgesetzte ortsübliche Tagelohn für männliche erwachsene Arbeiter beträgt in allen Gemeinden des K. Bezirksamtes D 1 ℳ 50 ₰.

seien die von der Gemeinde B liquidierten im vorliegenden Falle die Stelle des Krankengeldes einnehmenden Verpflegungskosten jedenfalls von 1 ℳ 30 ₰ auf 75 ₰ per Tag zu ermäßigen, und habe die Ersatzleistung für die ersten zwei Tage nach dem Unfall und für die in der Mitte liegenden 5 Sonntage[4]) ganz in Wegfall zu kommen, da für diese Tage nach gesetzlicher Bestimmung ein Krankengeld nicht zu gewähren sei. Auch der Ersatz der Ausgabe von 50 ℳ für eine Beinschiene müsse aus gleichem Grunde abgelehnt werden.

Für alle Aufwendungen aber, welche die Gemeinde-Krankenversicherung von A etwa auf Krankenunterstützung des Maurergesellen Schmitt zu machen habe, werde auf grund des § 50 KVG. sofort der Regreß an den Arbeitgeber des Schmitt den Maurermeister Weber in A genommen, weil letzterer es unterlassen habe, seinen Gesellen Schmitt rechtzeitig zur Gemeinde-Krankenversicherung von A anzumelden.

Der über diesen Regreßanspruch vom K. Bezirksamte D einvernommene Maurermeister Weber gab durch seinen bevollmächtigten Rechtsanwalt folgende Erklärung ab:

Die Anmeldung des Schmitt zur Gemeinde-Krankenversicherung sei von Maurermeister Weber unterlassen worden, weil Schmitt nach § 1 Abs. 1 K.-V.-G. nicht versicherungspflichtig gewesen sei, da derselbe nicht ständig, sondern nur vorübergehend bei Weber beschäftigt gewesen sei. Zufolge ausdrücklicher Vereinbarung sei nämlich Schmitt von Weber nur für den Monat April 1888 und nur für 3 Tage in jeder Woche in Arbeit genommen worden; die andere Hälfte der Woche habe Schmitt bei Maurermeister Franz in A gearbeitet, welcher den Schmitt gleichfalls nicht zur Gemeinde-Krankenversicherung angemeldet habe und daher jedenfalls für die Folgen der unterlassenen Anmeldung mithaftbar sei.

Übrigens sei es sehr zweifelhaft, ob das K. Bezirksamt D zur Entscheidung über den von der Gemeinde-Krankenver-

4) Die in Mitte liegenden Feiertage sind zur Vereinfachung der Sache als Arbeitstage gerechnet, was auch bei der Bearbeitung des Falles zu geschehen hat.

sicherung von A auf Grund des § 50 K.-V.-G. erhobenen Regreßanspruch überhaupt zuständig sei, indem sehr triftige Gründe vielmehr für die Zuständigkeit der Gerichte in Streitsachen der bezeichneten Art sprächen. Das K. Bezirksamt D werde daher, ungeachtet der Entscheidung des K. Verwaltungsgerichtshofes vom 25. Mai 1886 (Sammlung Bd. 7 S. 156), die Kompetenzfrage selbständig zu prüfen haben.

Von dem gleichfalls einvernommenen Maurermeister Franz in A wurde die Richtigkeit der Angaben des Maurermeisters Weber bestätigt, die Mithaftung gegenüber dem Ersatzanspruche der Gemeinde A jedoch abgelehnt.

III.

Am 1. August 1888 erhob der Maurergeselle Johann Schmitt beim K. Bezirksamte D gegen die Gemeinde-Krankenversicherung von A, eventuell gegen die sonst pflichtige Gemeinde, Anspruch auf nachträgliche Gewährung

a) des in § 7 Abs. 2 K.-V.-G. vorgesehenen Krankengeldes für die ersten 5 Wochen nach dem ihm am 9. April 1888 zugestoßenen Unfall (für die Zeit vom 10. April bis 14. Mai einschließlich);
b) des in § 6 Ziffer 2 K.-V.-G. bestimmten Krankengeldes für die 6.—8. Wochen nach dem Unfall (für die Zeit vom 15. Mai bis 4. Juli einschließlich);
c) des gleichen Krankengeldes für weitere 3 Wochen vom 3. Juli an (für die Zeit vom 3. Juli bis 23. Juli einschließlich).

Zugleich beantragte Schmitt die Zuerkennung des bei jeder der drei obigen Forderungen sich ergebenden Mehrbetrages an Krankengeld nach § 5 Abs. 9 des Unfallversicherungsgesetzes vom 6. Juli 1884.

Zur Begründung der von ihm erhobenen Ansprüche brachte Schmitt vor:

Zu a): daß er den Unterhalt seiner Familie bisher aus seinem Arbeitsverdienste bestritten habe und daß er während seiner fünfwöchentlichen Verpflegung bei Bader Huber in B, welche im vorliegenden Falle der Unterbringung in einem

Krankenhause ganz gleich zu achten sei, ein Krankengeld, womit er seine Familie hätte ernähren können, nicht bezogen habe;

Zu b und c: daß er infolge des am 9. April 1888 erlittenen Unfalls seit jener Zeit arbeits- und erwerbsunfähig sei, mit Ausnahme der 2 Wochen vom 5.—18. Juni, in welchen er bei Maurermeister Fischer in C beschäftigt gewesen sei. Seit Eintritt des Unfalls habe er nur während 7 Wochen Krankenunterstützung genossen, nämlich 5 Wochen lang in der Gemeinde B und 2 Wochen lang, vom 19. Juni bis 2. Juli, in der Gemeinde C. Da aber die Gemeinde-Krankenversicherung verpflichtet sei, die gesetzliche Krankenunterstützung volle 13 Wochen lang zu leisten, so habe er noch für 6 Wochen auf Krankenunterstützung Anspruch, und zwar für die 3 Wochen vom 15. Mai bis zum 4. Juni und für weitere 3 Wochen vom 3. Juli an, an welchem Tage ihm die Krankenunterstützung von der Gemeinde C wieder entzogen worden sei.

Gleichzeitig legte Schmitt dem K. Bezirksamte D ein Zeugnis des Krankenversicherungsarztes Dr. Jäger in C vor, worin bemerkt ist, daß Schmitt am 5. Juni offenbar zu früh die Arbeit wieder aufgenommen und daß die Überanstrengung des am 9. April gebrochenen Beines beim Arbeiten eine heftige Anschwellung und Entzündung desselben verursacht habe, infolge deren Schmitt schon nach 14 Tagen, am 19. Juni, die Arbeit wieder habe einstellen müssen und seit dieser Zeit und auch gegenwärtig noch vollständig arbeitsunfähig sei.

Die über die vorstehenden Anträge des Schmitt zunächst einvernommene Verwaltung der Gemeinde-Krankenversicherung von A gab folgende Erklärung ab:

Schmitt habe am 5. Juni seine Beschäftigung als Maurergeselle wieder aufgenommen und habe 2 Wochen lang, bis zum 19. Juni, bei Maurermeister Fischer in C mit einem Taglohn von 2 *M* gearbeitet. Es liege daher seit dem dem Schmitt zugestoßenen Unfall ein größerer Zeitraum in Mitte, in welchem Schmitt in seinem regelmäßigen Berufe wieder thätig gewesen und die Notwendigkeit der Unterstützungsgewährung an denselben weggefallen sei. Die Entzündung, welche sich Schmitt in der Gemeinde C. an dem verletzten Beine zugezogen habe, könne daher in Bezug auf die Frage der Unterstützungspflicht nicht als eine Fortsetzung der früheren, sondern müsse als eine neue Krankheit erachtet werden, welche für die Beschäftigungsgemeinde C eine selbständige Verpflichtung zur Leistung der gesetzlichen Krankenhilfe auf die Dauer von 13 Wochen begründe. Demnach habe für die auf die Zeit nach dem 5. Juni sich beziehenden Ansprüche des Schmitt die Gemeinde-Krankenversicherung von C aufzukommen, während für die Ansprüche desselben aus der Zeit vor dem 5. Juni die Gemeinde B, in welcher Schmitt zur Zeit des Unfalls beschäftigt gewesen sei, einzustehen habe. Nur eventuell werde daher auf die Forderungen des Schmitt folgendes bemerkt:

Zu a: Es sei richtig, daß Schmitt bisher den Unterhalt seiner Familie aus seinem Arbeitsverdienste bestritten habe; ebenso könne zugegeben werden, daß Schmitt in seiner Familie, bei den sehr ärmlichen Verhältnissen derselben, nicht die durch die Schwere des Unfalls gebotene sorgsame Pflege würde gefunden haben und daß daher beim Mangel eines Krankenhauses in B seine Unterbringung bei Bader Huber an sich gerechtfertigt gewesen sei. Gleichwohl aber fehle es dem Anspruche des Schmitt bei dem klaren Wortlaute des § 7 K.-V.-G. an den notwendigen gesetzlichen Voraussetzungen.

Zu b: dasselbe sei der Fall mit dem hier fraglichen Anspruche, da Schmitt in der Zeit vom 15. Mai bis 4. Juni nicht erwerbsunfähig im Sinne des § 6 Ziff. 2 K.-V.-G. gewesen sei. Schmitt sei nämlich während dieser Zeit nur genötigt gewesen, sich jeder schweren Arbeit zu enthalten; zu leichteren Arbeiten aber sei er vollständig befähigt gewesen, was schon daraus hervorgehe, daß er sich in der angebenen Zeit täglich 50 ₰ mit Anfertigung von Zündholzschachteln verdient habe. Jedenfalls sei daher die Gemeinde-Krankenversicherung wenigstens berechtigt, das dem Schmitt etwa zu gewährende Krankengeld um den Betrag seines täglichen Verdienstes von 50 ₰ zu kürzen.

Zu c: Die Krankenunterstützung ende nach gesetzlicher

Bestimmung spätestens mit dem Ablauf der 13. Woche nach Beginn der Krankheit, daher im vorliegenden Falle — wenn der Anschauung der Gemeinde A, daß die Entzündung des Beines, an welcher Schmitt in der Gemeinde C erkrankte, als neue Krankheit zu erachten sei, nicht beigepflichtet werden sollte — am Montag, den 9. Juli.

Auch sei die Gemeinde-Krankenversicherung nicht verpflichtet, Krankenunterstützung an Versicherte zu leisten, welche — wie dies bei Schmitt infolge seiner Uebersiedelung von A nach C der Fall sei — in eine andere Gemeinde verziehen und hiedurch jede Kontrolle seitens der Organe der Gemeinde-Krankenversicherung unmöglich, dagegen die Aufstellung und Honorierung eines besonderen Arztes notwendig machen.

Was schließlich den Anspruch des Schmitt auf die Krankengeldzulage nach § 5 Abs. 9 U.-G. anlange, so werde sofort auf Grund eben dieser gesetzlichen Bestimmung der Ersatzanspruch gegen den Betriebsunternehmer Maurermeister Weber in A geltend gemacht. Bei Entscheidung über die hier fraglichen Ansprüche komme es übrigens wesentlich darauf an, ob das K. Bezirksamt D seine Zuständigkeit auf Grund des § 58 Abs. 1 K.-V.-G. oder des Art. 1 § 4 Ausf.-G. für gegeben erachte. Da nämlich der § 58 Abs. 1 K.-V.-G. für die Gemeinde-Krankenversicherung in Bayern durch den Art. 1 § 4 Ausf.-G. ersetzt sei, so frage es sich, ob dies auch in Bezug auf Streitigkeiten im Sinne des § 5 Abs. 9—11 U.-G. zu gelten habe. Gegen die Bejahung dieser Frage spreche wohl der Umstand, daß das bayerische Gesetz vom 28. Februar 1884 lediglich ein, noch dazu vor dem Unfallversicherungsgesetze vom 6. Juli 1884 erlassenes Ausführungsgesetz zum Krankenversicherungsgesetze vom 15. Juni 1883 sei und daher nicht ohne Weiteres auf die Bestimmungen in § 5 Abs. 9 bis 11 U.-G. werde ausgedehnt werden können, dies um so weniger als durch diese Bestimmungen auch der Betriebsunternehmer in einer Weise herbeigezogen werde, welche dem Ausführungsgesetze vom 28. Februar 1884 und speziell dem Art. 1 § 4 desselben doch ganz fremd sei.

IV.

Das K. Bezirksamt D nahm Veranlassung, über die Ansprüche des Maurergesellen Schmitt auch noch die Verwaltungen der Gemeinde-Krankenversicherung von B und C einzuvernehmen, von welchen jedoch jede Unterstützungspflicht gegenüber dem Schmitt abgelehnt wurde, da derselbe ausschließlich in A versicherungspflichtig gewesen sei.

Hiebei wurde von der Verwaltung der Gemeinde-Krankenversicherung von C noch bemerkt, daß sie nur deshalb dem Schmitt 2 Wochen lang, vom Dienstag, den 19. Juni, bis Montag, den 2. Juli, einschließlich, die gesetzliche Krankenunterstützung gewährt habe, weil sie von dem am 9. April 1888 dem Schmitt zugestoßenen Unfall erst am 3. Juli Kenntnis erlangt habe und bis dahin der thatsächlich irrtümlichen Meinung gewesen sei, daß derselbe erst in der Gemeinde C erkrankt sei. Die Gemeinde-Krankenversicherung von A sei demnach verpflichtet, die der Gemeinde-Krankenversicherung von C erwachsenen Kosten, nämlich 6 ℳ 75 ₰ an Krankengeld für 9 Tage à 75 ₰ und 8 ℳ — ₰ an Deserviten des Krankenversicherungsarztes Dr. Jäger in C (4 ℳ per Woche nach Vertrag) zu ersetzen, und werde das K. Bezirksamt D, nachdem die Gemeinde A die Ersatzleistung verweigere, gebeten, diese beschlußmäßig erhalten zu wollen.

Aufgabe ist, die Entscheidung des K. Bezirksamts D über die sämtlichen vorstehenden Ansprüche in Einem Beschlusse zu entwerfen, und denselben unter gedrängter Darstellung des Streitverhältnisses, sowie unter Würdigung der Zuständigkeit und des Parteivorbringens entsprechend zu begründen.

Praktischer Fall

für die Prüfung für den höheren Finanzdienst im Jahre 1888.

Im Juli 1887 erbte der k. bayerische Major des nten Infanterieregiments zu Z in Oberbayern, Heinrich von N̄, infolge Ablebens seines Vaters das in der Gemeinde Buch, k. Rentamts X in Niederbayern, gelegene Stammgut der von N'schen Familie. Dasselbe besteht aus:

Pl.-Nr. 12, Schloß, Stallungen, Remisen, Hofraum (Hs-Nr. 1) zu 0,273 ha = 0,80 Tgw. mit	16,00	Grdst.Verh.Zahl
Pl.-Nr. 13, Park am Schlosse, zu 1,533 ha = 4,50 Tgw. mit	67,50	
Pl.-Nr. 14, Oekonomiegebäude und Hofraum (Hs.-Nr. 2) zu . 0,307 ha = 0,90 Tgw. mit	18,00	
Pl.-Nr. 15, Wohnhaus und Hofraum (Hs.-Nr. 3), (im Hofraum ein im Juni 1887 vollendetes Häuschen zur Unterbringung von Feuerlöschrequisiten), zu . 0,051 ha = 0,15 Tgw. mit	3,00	
Pl.-Nr. 16, Bierbrauerei, Branntweinbrennerei, Lagerkeller, Schenke mit Kegelbahn, Hofraum (Hs.-Nr. 4), zu . 0,375 ha = 1,10 Tgw. mit	22,00	
Pl.-Nr. 17 mit 123, Wiesen und Felder, zu 68,145 ha = 200,00 Tgw. mit	2800,00	
Pl.-Nr. 124 u. 125a, Torfstich, zu 3,373 ha = 9,90 Tgw. mit	9,90	
Pl.-Nr. 125b, überbauter Lagerraum u. Maschinenhaus zur Herstellung von Preßtorf (Hs.-Nr. 24), zu . . . . . 0,034 ha = 0,10 Tgw. mit	0,10	
Pl.-Nr. 126 mit 135, dann 136 mit 150, Waldungen zu 51,109 ha = 150,00 Tagw. mit	900,00	
Pl.-Nr. 135 1/2, Schneidsäge mit umzäuntem Holzlagerplatz (Hs.-Nr. 25), zu 0,024 ha = 0,07 Tgw. m.	0,42	" " "
Summa	3836,92	Grdst.Verh.Zahl

In dem aus den Parterrelokalitäten und einem oberen Stockwerke bestehenden Wohnhause Hs.-Nr. 3 sind die Parterreräumlichkeiten von der Schulgemeinde Buch als Schulzimmer gegen einen jährlichen Mietzins von 100 ℳ gemietet; der obere Stock ist dem jeweiligen Schloßbenefiziaten, der zugleich mit der Erteilung des gesamten Schulunterrichtes betraut ist, als Dienstwohnung im Geldanschlage von 80 ℳ überlassen.

Major Heinrich von N richtete nach Antritt der Erbschaft nur einige Zimmer des Schlosses zu seinem Gebrauche ein und bewohnte dieselben in den Monaten August und September 1887 während der Dauer eines sechswöchentlichen Urlaubes; im Uebrigen stellte er das ganze Schloß mit zugehörigen Nebengebäuden und Parkanlagen (Pl.-Nr. 12 und 13 seinem Bruder, dem k. k. österreichischen Rittmeister a./D. Rudolf von N, zur unentgeltlichen Benützung zur Verfügung. Rittmeister von N, welcher bei seinem Eintritte in den österreichischen Militärdienst die bayerische Staatsangehörigkeit aufgegeben und bisher in Wien gelebt hatte, siedelte, von dem Anerbieten seines Bruders Gebrauch machend, noch im August 1887 nach Buch zum ständigen Aufenthalte über und bezog mit Familie und Dienerschaft eine größere Abteilung des Schlosses.

Anfangs September 1887 fand eine Neuanlage der Gewerbsteuer und Kapitalrentensteuer für die Jahre 1888/89, dann der Einkommensteuer für die Jahre 1888/91 statt. Hiebei gab **Major Heinrich von N** bei der Gemeindebehörde Buch folgende Steuererklärungen ab:

1. für die Anlage der Gewerbsteuer:

a) Bierbrauerei: jährlicher Malzverbrauch 800 hl,

b) Branntweinbrennerei (Nebenbetrieb der Landwirtschaft): jährliches Produktionsquantum 200 hl Branntwein mit einem Alkoholgehalte von 50%,

c) Bierwirtschaft (ohne Abgabe warmer Speisen): jährlicher Ausschank 200 hl Bier.

Hiezu bemerkt jedoch Major von N, nach seiner Anschauung sei eine Gewerbsteueranlage für die Bierwirtschaft nicht zulässig, weil in derselben lediglich solches Bier abgegeben werde, das in der eigenen Brauerei hergestellt worden sei. Es könne daher von einem selbständigen Schankgewerbe keine Rede sein. Der Produzent stelle ja seine Produkte des Verkaufes halber her und erziele erst durch den Verkauf einen gewerblichen Gewinn; deßhalb wäre es ungerecht, dem Produzenten gleichzeitig eine Steuer für die Produktion und eine Steuer für den Verkauf der Produkte aufzulegen.

2. Zur Anlage der Kapitalrentensteuer gab Major von N an, er und sein Bruder Rudolf bezögen zusammen eine Jahresrente von 20,000 ℳ, nämlich

8000 ℳ aus bayerischen Staatspapieren,

3600 ℳ aus einem Hypothekkapitale, welches ein Kaufmann in Innsbruck schulde und auf seinem dortigen Hause hypothekarisch versichert habe,

1800 ℳ aus Aktien eines in Baden gelegenen industriellen Unternehmens,
6400 ℳ aus preußischen Staatspapieren und
200 ℳ aus dem bei einem Frankfurter Banquier bestehenden Contocorrentguthaben.

Da jeder der beiden Brüder zu gleichen Teilen an dieser Gesamtrente participiere, so treffe auf ihn, den Major von N, eine Jahresrente von 10,000 ℳ. Von dieser bringe er in Abzug: 100 ℳ Bodenzins zur Staatskasse, welcher noch auf einem Teile des Schloßgutes ruhe, ferner 3000 ℳ jährliche Rente, welche er auf Grund testamentarischer Bestimmung seines Vaters seinem Bruder Rudolf als Entschädigung dafür, daß dieser an dem Schloßgute keinen Anteil erhalten, und zwar die eine Hälfte aus dem Erträgnisse des Gutes, die andere Hälfte aus den Zinsen des vorerwähnten Hypothekkapitals, zu verabfolgen habe.

Als steuerbare Jahresrente bezeichnete Fatent hienach den Betrag von 6900 ℳ.

3. Zur Anlage der Einkommensteuer erklärte Major von N, er beziehe

	5700 ℳ	Gehalt
	972 ℳ	Personal-Servis
	900 ℳ	Wohnungsgeldzuschuß
Summa	7572 ℳ	

bezweifle aber, ob Servis und Wohnungsgeldzuschuß zum steuerbaren Einkommen gehören.

Der **k. k. Rittmeister a./D. Rudolf von N** gab eine Steuererklärung nicht ab, sondern bemerkte der Gemeindebehörde, er sei österreichischer Staatsangehöriger und werde als solcher die ihn treffenden Steuern nach Oesterreich bezahlen.

Einige Tage nach Abgabe der Steuererklärungen erfuhr Major Heinrich von N, daß er vom 1. Oktober 1887 an auf die Dauer von zwei Jahren zum Großen Generalstab in Berlin kommandiert sei. Da ihm dieses Commando die Möglichkeit benahm, der Bewirtschaftung seines Gutes die erforderliche Aufmerksamkeit zuzuwenden, traf er, und zwar mit Wirksamkeit vom 1. November 1887 an, folgende Verfügungen:

Die Oekonomiegebäude samt Inventar, die Wiesen und Felder sowie den Torfstich mit dem zu letzterem gehörigen Lagerraume und den Vorrichtungen zur Bereitung von Preßtorf (Pl.-Nr. 14, 17 mit 123, 124, 125a und 125b) ververpachtete er an den Oekonomen und Gemeindebürger A in Buch gegen einen jährlichen Pachtzins von 3500 ℳ.

Die Bierbrauerei, Branntweinbrennerei und Bierwirtschaft samt zugehörigen Nebengebäuden (Pl.-Nr. 16) wurden mit allen zum Betriebe erforderlichen Vor- und Einrichtungen an den in Buch ansässigen Braumeister B gegen einen jährlichen Pachtschilling von 3000 ℳ verpachtet, wobei man darüber einig war, daß an diesem Pachtschillinge der Betrag von 400 ℳ als Entschädigung für die überlassene Gebäudenutzung zu gelten habe.

Mit beiden Pächtern A und B vereinbarte Major von N, daß dieselben die Grund-, Haus- und Gewerbsteuer von den ihnen überlassenen Immobilien und beziehungsweise Gewerben selbst zu tragen haben.

Die — ohne Entgelt zu führende — Aufsicht über die Waldungen und den Betrieb der Schneidsäge übertrug Major von N seinem Bruder Rudolf, erteilte diesem noch förmliche Vollmacht zu seiner (des Majors) Vertretung vor sämtlichen Stellen und Behörden und reiste sodann auf seinen neuen Posten nach Berlin ab.

Das k. Rentamt X stellte, sobald die Gemeindebehörde Buch die abgegebenen Steuererklärungen an dasselbe übersendet hatte, weitere Erhebungen an und erlangte hiebei durch persönliche Einvernahme der Pächter A und B, sowie des Rittmeisters von N Kenntnis von den erwähnten mit den genannten Personen getroffenen Vereinbarungen. Pächter A erläuterte des Näheren, bei Abschluß des Pachtvertrages sei auf Grund der bisherigen Betriebsergebnisse beiderseits der nach Abzug der Betriebskosten zu erwartende Jahresertrag für die Wiesen und Felder auf 4000 ℳ, für die Ausbeutung des Torfstiches und die Preßtorfbereitung — es werde der gesamte gewonnene Torf zu Preßtorf verarbeitet — auf 1000 ℳ angenommen, und demgemäß für die Wiesen und Felder ein Pachtzins von

2800 ℳ, für den Torfstich und die Vorrichtungen zur Preßtorfbereitung ein Pachtzins für 700 ℳ berechnet werden. Pächter A gab für den Fall, daß dies zu wissen nötig sei, auch noch an, als Entschädigung für die überlassene Nutzung der auf Pl.-Nr. 125 b befindlichen Gebäude (Lagerraum und Maschinenhaus) sei der Betrag von 50 ℳ bestimmt worden, und dieser in dem Pachtzinse von 700 ℳ selbstverständiich inbegriffen.

Auf Befragen, wieviel die Schneidsäge jährlich ertrage, erklärte Rittmeister von N, er könne höchstens einen Jahresertrag von 400 ℳ angeben, bemerke aber, daß eine Gewerbesteuerpflicht für die Schneidsäge nicht gegeben zu sein scheine, sonst würde wohl sein Bruder eine Steuererklärung für dieselbe abgegeben haben.

Ferner gab Rittmeister von N an, daß sein Bruder auf die Dauer seiner Kommandierung nach Berlin an Gehalt, Servis und Wohnungsgeldzuschuß die gleichen Beträge wie bisher aus der bayerischen Staatskasse beziehe.

Schließlich stellte das Rentamt X noch fest, daß die Bevölkerung der Gemeinde Buch bei der letzten Volkszählung 400 Personen betragen habe.

Die im November und Dezember 1887 beim Rentamte X zusammengetretenen Ausschüsse für die Anlage der Gewerb-, Kapitalrenten- und Einkommensteuer faßten folgende Beschlüsse:

1. Gewerbsteuer.

Major Heinrich von N sei in nachstehender Weise mit Gewerbsteuer anzulegen:

a) für die Brauerei nach Nr. 140a des Gewerbsteuertarifs mit 9 ℳ — ₰ Normalanlage und bei einem Jahresverbrauche v. 800 hl Malz m. 37 ℳ 80 ₰ Betriebsanlage.

Summa 46 ℳ 80 ₰

b) für die Branntweinbrennerei, welche nicht als Nebenbetrieb der Landwirtschaft, sondern als Nebenbetrieb eines Gewerbes zu erachten sei, nach Tar.-Nr. 141 c — in der durch Gesetz vom 20. November 1885 (G. u. V.-

Bl. S. 622) dieser Tarifnummer gegebenen Fassung — mit — ℳ — ₰
Normalanlage
dann bei einem Jahreserzeugnisse von
200 hl Branntwein mit 14 ℳ 40 ₰
Betriebsanlage

Summa 14 ℳ 40 ₰

c) für die Ausbeutung des Torfstiches und die Herstellung von Preßtorf nach Analogie der Tarifnummer 114 mit 9 ℳ — ₰
Normalanlage
dann bei einem Ertragsanschlage v. 1000 ℳ
und einem Steuersatze von 1 % mit 10 ℳ — ₰
Betriebsanlage

Summa 19 ℳ — ₰

d) für die Schneidsäge nach Tar.-Nr. 138a mit 9 ℳ — ₰
Normalanlage
dann bei einem Ertragsanschlage v. 400 ℳ
und einem Steuersatze von 3/4 % mit 3 ℳ — ₰
Betriebsanlage

Summa 12 ℳ — ₰

Hiezu bemerkte der Steuerausschuß, es wäre mit Rücksicht auf den geringen Ertrag der Schneidsäge von jährlich 400 ℳ wünschenswert, von Festsetzung einer Betriebsanlage absehen zu können, nachdem dieser Ertrag bereits durch die Normalanlage in vollständig ausreichender Weise (nämlich mit 2 1/4 %) getroffen sei. Da aber bei Gewerben, welche nach dem Ertragsanschlage zu besteuern seien, vom Ansatze einer Betriebsanlage nicht Umgang genommen werden könne, so erübrige nichts, als den niedrigsten zulässigen Betrag als Betriebsanlage festzusetzen.

Bezüglich der Bierwirtschaft beschloß der Steuerausschuß, dieselbe von der Veranlagung mit Gewerbsteuer freizulassen, nachdem in dieser Wirtschaft, wie allgemein bekannt, nur selbst gebrautes Bier zur Abgabe gelange.

2. Kapitalrentensteuer.

Der Steuerausschuß beschloß, die Aktivrenten des Majors von N, seiner Fassion entsprechend, auf 10,000 ℳ festzusetzen und den Abzug des auf dem Schloßgute lastenden Bodenzinses von 100 ℳ als begründet anzuerkennen. Ebenso erscheine der Abzug der von Major von N jährlich an seinen Bruder Rudolf zu zahlenden 3000 ℳ gerechtfertigt, und sei für diese Rente Letzterer, als im thatsächlichen Genusse der Rente befindlich, zur Kapitalrentensteuer heranzuziehen. Rittmeister von N habe außerdem für die Jahresrente von 4000 ℳ, welche er von bayerischen Staatspapieren beziehe, die Kapitalrentensteuer in Bayern zu entrichten.

Hienach wurde die steuerbare Jahresrente des Majors Heinrich von N auf 10,000 ℳ — (100 ℳ + 3000 ℳ) = 6900 ℳ, jene des k. k. Rittmeisters a./D. Rudolf von N auf 3000 ℳ + 4000 ℳ = 7000 ℳ festgesetzt.

3. Einkommensteuer.

Als ein nach Art. 2 Abt. III des Einkommensteuergesetzes steuerbares Einkommen des Majors Heinrich von N erachtete der Steuerausschuß:

den Gehalt mit . .	5700	ℳ	— ₰
das Personalservis mit .	972	„	— „
den Wohnungsgeldzuschuß mit	900	„	— „
Summa	7572	ℳ	— ₰

und bemerkte hiezu, Servis und Wohnungsgeldzuschuß seien mit ihrem vollen Betrage in das steuerbare Einkommen einzurechnen, nachdem ein aus diesen Bezügen allenfalls zu bestreitender dienstlicher Aufwand nicht ersichtlich gemacht sei.

Die vorbezeichneten Beschlüsse der Steuerausschüsse erlangten, da innerhalb der gesetzlichen Frist ein Rechtsmittel nicht eingelegt wurde, die Rechtskraft.

Am 30. April 1888 erschien Rittmeister von N bei dem Rentamte X, um wegen der Steuerpflicht seines Bruders Heinrich Aufschlüsse zu erholen und eventuell die treffenden Steuern freiwillig sogleich für das ganze Jahr 1888 zu entrichten. Das Rentamt bezeichnete hiebei als Jahresschuldigkeit des Majors Heinrich von N.

1. 322 ℳ 30 ₰ Grundsteuer aus einer Steuerverhältniszahl von 3836,92 (für den ganzen Gutscomplex);
2. 20 ℳ 41 ₰ Arealsteuer aus einer Steuerverhältniszahl von 530 (für sämtliche zum Schloßgute gehörigen arealsteuerpflichtigen Objekte);
3. 93 ℳ 12 ₰ Gewerbsteuer für die Bierbrauerei, Branntweinbrennerei, Torfgewinnung und Preßtorfbereitung, dann Schneidsäge;
4. 243 ℳ 92 ₰ Kapitalrentensteuer nach 6900 ℳ Jahresrente;
5. 74 ℳ 61 ₰ Einkommensteuer nach 7572 ℳ Jahreseinkommen.

Gleichzeitig machte der Rentbeamte den Rittmeister von N mit den der Einsteuerung zu Grunde liegenden Beschlüssen der Steuerausschüsse bekannt und fügte zur näheren Erläuterung noch folgendes bei:

Für die Bezahlung der vollen Grund-, Haus- und Gewerbsteuer habe Major von N, als der Eigentümer der fraglichen Immobilien und beziehungsweise als Gewerbsinhaber, aufzukommen. Die Steuerorgane hätten nicht zu untersuchen, welche Vereinbarungen Major von N mit seinen Pächtern wegen Entrichtung der bezeichneten Steuern getroffen habe; es müsse demselben anheimgegeben werden, sich wegen Ersatzes der Steuerbeträge mit den Pächtern auseinanderzusetzen.

Das Wohnhaus (Hs.-Nr. 3), in welchem sich die Schulzimmer und die Wohnung des Schulexpositus befinden, unterliege der Haussteuer aus dem Grunde, weil das Eigentum an demselben einem Privaten zustehe, von der Haussteuer aber nur öffentliche, d. h. im Eigentuwe des Staates oder einer Gemeinde befindliche Schulhäuser befreit seien.

Der Gewerbsteuerausschuß habe die Branntweinbrennerei nicht als Nebenbetrieb der Landwirtschaft, sondern als Nebenbetrieb eines Gewerbes (nämlich der Bierbrauerei) deshalb betrachtet, weil die Brennerei von demselben Unternehmer, in den gleichen Räumen, mit den gleichen Arbeitern und teilweise unter Benützung derselben Vorrichtungen, wie die Bierbrauerei, betrieben werde.

Eine Steuererklärung für die Torfgewinnung und Herstellung von Preßtorf sowie den Betrieb der Schneidsäge abzugeben, scheine Major von N lediglich übersehen zu haben. Nachdem sich aber diese Betriebe als gewerbliche darstellten, habe für dieselben eine Gewerbsteuer festgesetzt werden müssen. Der Ausschuß habe jedoch die Torfgewinnung nicht selbständig mit Gewerbsteuer veranlagt, weil nach Angabe des Pächters A sämtlicher Torf zu Preßtorf verarbeitet werde, sohin die Ausbeutung des Torfstiches nur eine Vorarbeit für die Preßtorfbereitung bilde. Die Besteuerung der letzteren aber sei, weil die Preßtorfbereitung im Steuertarife nicht ausdrücklich benannt sei, nach Analogie der Preßkohlenbereitung (Tar. Nr. 114) vorgenommen worden.

Der Rentbeamte eröffnete ferner dem Rittmeister von N, daß der Steuerausschuß beschlossen habe, ihn (den Rittmeister) nach einer Jahresrente von 7000 ℳ zur Kapitalrentensteuer heranzuziehen, derselbe sohin für das Jahr 1888 eine Kapitalrentensteuer im Betrage von 247 ℳ 45 ₰ zu entrichten habe.

Rittmeister von N gab hierauf im Namen seines Bruders und beziehungsweise im eigenen Namen folgende Erklärung ab:

1. Zur Grundsteueranforderung.

Major von N habe die Grundsteuer nur für das Schloß, den Park, das Wohnhaus Hs.-Nr. 3, die Waldungen und die Schneidsäge (Pl.-Nr. 12, 13, 15, 126 mit 150) zu entrichten, da nicht einzusehen sei, warum das Rentamt auf die in den Pachtverträgen wegen der Steuerzahlung durch die Pächter getroffene Vereinbarung keine Rücksicht zu nehmen habe.

2. Zur Haussteueranforderung.

Für das Wohnhaus Hs.-Nr. 3 dürfe eine Haussteuer nicht zu entrichten sein, weil dasselbe amtsbekannt als allgemeines Schulhaus für die Schulgemeinde Buch diene und es darauf nicht ankomme, in wessen Eigentum dasselbe stehe. Freilich würde, wenn dieses Haus von der Haussteuer befreit würde der Mietzins von 100 ℳ, welchen sein Bruder von der Schulgemeinde Buch jährlich erhalte, völlig unbesteuert bleiben. Er hätte deshalb nichts zu erinnern, wenn dieser

Mietzins als ein Einkommen seines Bruders im Sinne des Art. 1 des Einkommensteuergesetzes aufgefaßt und mit Einkommensteuer belegt werden wollte.

Die Bezahlung einer Haussteuer für die Gebäude Hs.-Nr. 2, 4 und 24 lehne er aus dem Grunde ab, weil die treffenden Steuerbeträge nach den Pachtverträgen von den Pächtern A und B zu bezahlen seien.

3. Zur Gewerbesteueranforderung.

Für Rechnung seines Bruders Heinrich werde nur die Schneidsäge betrieben. Dieser Betrieb sei aber als ein gewerblicher aus dem Grunde nicht aufzufassen weil nur Stämme aus den zum Schloßgute gehörigen Waldungen zu Brettern verarbeitet würden und diese Bretter wieder nur innerhalb des Gutscomplexes zur Verwendung kämen, indem dieselben größtenteils zur baulichen Unterhaltung des Schlosses und zur Ausbesserung der ziemlich schadhaften Umzäumung des Schloßparkes benötigt seien, der kleinere Teil aber an die Pächter A und B für ihren Bedarf innerhalb der gepachteten Oekonomiegebäude, Brauerei und Brennerei um den ortsüblichen Preis abgegeben werde.

Die übrigen mit Gewerbsteuer belegten Betriebe seien verpachtet, und hätten inhaltlich der Pachtverträge die Pächter die Gewerbsteuer zu entrichten. Nur im Interesse der Pächter glaube er folgendes bemerken zu sollen: Die Branntweinbrennerei stelle sich nicht als Nebenbetrieb eines Gewerbes, sondern als Nebenbetrieb der Landwirtschaft dar; denn die sämtlichen in der Brennerei verarbeiteten Kartoffel (andere Stoffe kämen nicht zur Verarbeitung) würden von den zum Schloßgute gehörigen Feldern durch den Pächter A geliefert, und der ganze Abfall werde teils wieder zur Düngung dieser Felder teils zur Fütterung des auf dem Schloßgute von dem genannten Pächter gehaltenen Viehes verwendet.

Die Belegung des Betriebes des Torfstiches und der Preßtorfbereitung mit Gewerbsteuer dürfte nicht begründet erscheinen. Denn der Betrieb der Landwirtschaft zähle nicht zu den steuerpflichtigen Gewerben. Die Ausbeutung eines

Torfstiches aber gehöre zweifellos zum landwirtschaftlichen Betriebe. Auch das Pressen des Torfes gehe nach seiner Meinung nicht über den Bereich dieses Betriebes hinaus. Wollte man aber das Pressen des Torfes als einen gewerblichen Betrieb auffassen, so könnte doch nur der hieraus erzielte Ertrag — sohin mit Ausschluß des Ertrages der Rohproduktgewinnung — für die Höhe der Betriebsanlage maßgebend sein. Das Pressen des Torfes aber gewähre nach Abzug der Betriebskosten jährlich nur einen Ertrag von ungefähr 400 ℳ.

4. Zur Kapitalrentensteueranforderung.

Bezüglich der für seinen Bruder Heinrich veranlagten Kapitalrentensteuer habe er nichts zu erinnern.

Er für seine Person aber verweigere die Zahlung jeder Steuer von Kapitalrenten, da er hievon als österreichischer Staatsangehöriger in Bayern keine Steuer zu entrichten habe. Nur unter dieser Verwahrung erklärte er, daß es unter allen Umständen unrichtig wäre, von ihm für den ganzen Betrag von 3000 ℳ, welchen er jährlich von seinem Bruder zu beziehen habe, Kapitalrentensteuer zu fordern. Denn er beziehe, wie sein Bruder bereits in der Steuererklärung angegeben habe, nur die Hälfte der fraglichen 3000 ℳ als Rente aus Kapitalien, die andere Hälfte aber aus den Erträgnissen des Schloßgutes, indem sein Bruder ihm von den Pachtschillingen jährlich 1500 ℳ zur Erhebung überwiesen habe. Diese letztere Hälfte könnte daher jedenfalls nicht Gegenstand der Kapitalrentensteuer sein.

5. Zur Einkommensteueranforderung.

Gegen die Feststellung des steuerbaren Einkommens seines Bruders habe er eine Erinnerung nicht zu erheben. Er bemerke aber hiezu sowie überhaupt bezüglich der Steuerpflicht seines Bruders in Bayern, daß er von letzterem vor einigen Tagen aus Berlin einen Brief folgenden Inhalts erhalten habe:

„Von dem Rentamte Z in Oberbayern (in Z befindet sich das nte Infanterieregiment, zu welchem ich auch während meines Commando nach Berlin etatsmäßig gehöre), ist mir jüngst die Aufforderung zugegangen, ungesäumt nachträglich meine Erklärungen über die Höhe meines Einkommens und meiner Kapitalrenten bei dem Rentamte Z abzugeben, da ich wie bisher so auch im Jahre 1888 bei genanntem Rentamte die treffende Einkommen- und Kapitalrentensteuer zu entrichten hätte. Ich erwiderte dem Rentamte Z, daß ich bereits bei der Gemeindebehörde Buch, k. Rentamts X in Niederbayern, woselbst ich nunmehr begütert sei, meine Steuererklärungen abgegeben habe.

Fast gleichzeitig wurde ich von der Einschätzungskommission in Berlin aufgefordert, bei derselben die Höhe meines gesamten Jahreseinkommens anzugeben, da ich vom Jahre 1888 an, soweit ich nicht meine Besteuerung in Bayern zu begründen vermag, in Berlin zur Staatssteuer werde herangezogen werden, nachdem auf die Dauer meines zweijährigen Kommandos Berlin als mein dienstlicher Wohnsitz zu erachten sei. Vorläufig habe ich der Einschätzungskommission in Berlin eine Erwiderung nicht gegeben, bitte aber um schleunige Mitteilung, inwieweit ich in Bayern bei dem Rentamte X oder Z steuerpflichtig bin, um hienach mein weiteres Verhalten gegenüber der Berliner Einschätzungskommission bemessen zu können." —

Aufgabe.

Es ist anzugeben, ob überhaupt und bejahenden Falls bei welchem Rentamte und mit welchen Steuerarten und Steuerbeträgen:

a) Major Heinrich von N
b) Rittmeister a./D. Rudolf von N
c) Pächter A
d) Pächter B

auf Grund des vorstehenden Sachverhaltes für das Jahr 1888 in Bayern zu besteuern sind. Hiebei ist das von den sub a—d bezeichneten Personen in thatsächlicher Beziehung Vorgebrachte als wahr anzunehmen. Dagegen ist der Rechtskraft der Steuerausschußbeschlüsse eine Bedeutung für die Würdigung der zur Entscheidung gestellten Fragen nicht beizumessen. Die Entscheidungen über die einzelnen Punkte sind unter Allegation der zur Anwendung gebrachten gesetzlichen oder instruktiven Bestimmungen kurz zu begründen.

Die

Staatskonkurs-Aufgaben

im Jahre

1889.

I. Aufgabe
aus dem bürgerlichen Rechte.

1. In der Wirtschaft des L zu X erregte am 27. Juli l. Js. abends nach 11 Uhr ein Gast durch sein eigentümliches Benehmen die Aufmerksamkeit des Wirtes. Auf die Frage desselben, ob ihm etwas fehle, erwiderte der Gast: „Verzeihen Sie die Ungelegenheit, die ich Ihnen bereite, ich habe Gift genommen und fühle schon mein Ende herannahen.“ Der erschreckte Wirt schickte sofort den bei ihm bediensteten S zur Polizei, um von dem Vorfalle Anzeige zu machen. Der dienstthuende Polizeibeamte wies den S an, den in der Nähe wohnenden Arzt M zu holen, der dann auch, von S über den Sachverhalt unterrichtet, schleunigst in die Wirtschaft des L kam und ein Gegengift verordnete, das dem Gaste trotz seines Widerstrebens beigebracht wurde und die Wirkung hatte, daß dieser am Leben blieb. M macht nun sein Honorar geltend, findet aber nirgends Bezahlung. Die Polizeibehörde verweigerte dieselbe, da sie für derartige Zwecke keine Mittel habe. Der gerettete Gast, dessen Persönlichkeit inzwischen als die des Buchhalters Z festgestellt worden war, wendet ein, daß das Eingreifen des M ganz gegen seinen Willen unter Anwendung von Zwang erfolgt sei. L endlich macht geltend, er habe bei Erstattung der Anzeige lediglich in Erfüllung einer ihm als Wirt obliegenden polizeilichen Pflicht gehandelt.

Von wem kann M die Bezahlung seines Honorars verlangen?

2. Am 27. November 1889 kam A in den Laden des Antiquars B, um ein größeres Werk über Ostafrika zu kaufen.

Der allein im Laden anwesende Kommis C, welcher ein solches Buch von seinem Freunde D geliehen erhalten hatte, faßte rasch den Entschluß, dieses zu verkaufen, erwiderte dem A, er könne ihm mit einem sehr schönen illustrierten Werke dienen, das er um 16 ℳ ablasse und übergab das Buch des D um diesen Preis dem A. Nun verlangt D von A sein Buch zurück, A verweigert aber die Herausgabe, weil er das Buch in gutem Glauben bei B gekauft habe. Wie ist zu entscheiden?

3. Der Bauer A hat dem Unterhändler B eine Schuld von 1000 ℳ, für welche auf seinem Anwesen Hypothek bestellt war, bezahlt, B hat aber, statt die Löschung der Hypothek zu bewilligen, alsbald die Hypothekforderung dem C, welchem er die Zahlung verheimlichte, für ein Darlehen von 900 ℳ verpfändet. Die Verpfändung wurde in das Hypothekenbuch nicht eingetragen. Als C von A Zahlung verlangte, befriedigte ihn auf den Wunsch des A dessen Oheim D, welcher das ganze Verhältnis kannte, gegen Abtretung seiner Rechte. D erwirkte die Eintragung der Verpfändung und des Überganges der Rechte des C auf ihn und gestattete einige Monate nachher dem A, auf seinem Anwesen eine Hypothek für 2000 ℳ mit Vorrang vor der Forderung des D zu bestellen, verlangte dafür aber, daß A's Mutter E für die letztere auf einem ihr gehörigen Grundstücke Hypothek bestelle, was die E that. Nun hat F wegen einer Kurrentforderung zu 2400 ℳ die Beschlagnahme des Anwesens des A zum Zwecke der Zwangsversteigerung erwirkt, und einige Tage später ist bezüglich des Grundstückes der E auf Antrag des Kurrentgläubigers G das Gleiche geschehen. D verlangt in beiden Zwangsvollstreckungen, daß seine Forderung zu 900 ℳ in das geringste zulässige Gebot eingerechnet und der Betrag derselben von den Ansteigerern bar bezahlt werde. F bestreitet sein Verlangen, weil die dem D verpfändete Hypothek überhaupt nicht zu Recht bestehe und weil D, wenn er die Berücksichtigung seiner Forderung zu verlangen berechtigt sein sollte, sich jedenfalls mit der Übernahme der Haftung für dieselbe

durch den Ansteigerer begnügen müßte. Der letztere Einwand wird auch von G erhoben. Wie ist zu entscheiden?

Der Bearbeitung ist neben den Reichsgesetzen das Gemeine Recht mit den für das ganze Gebiet desselben in Bayern geltenden Landesgesetzen zu grunde zu legen. Die Entscheidungen sind zu begründen.

II. Aufgabe

aus dem bürgerlichen Rechte.

1. Durch notariell beurkundeten Kaufvertrag vom 17. Juli 1889 erwarb der Metzger D von dem Privatier N ein Anwesen in Z um den Preis von 12500 ℳ. D erlegte sofort 2500 ℳ bar und übernahm in Anrechnung auf den Kaufpreis eine auf dem Anwesen hypothekarisch versicherte Darlehensforderung, des Gastwirts O, eines Bruders des Verkäufers, im Betrage von 10,000 ℳ als persönlich und dinglich haftender Schuldner. Am 24. September starb O. In dem von ihm am 4. Januar 1885 vorschriftsmäßig errichteten Testamente, worin I zum Erben eingesetzt ist, war unter anderem bestimmt: „Meinem Bruder N, welcher von mir ein Darlehen von zehntausend Mark erhalten hat, schenke ich hieran den Betrag von viertausend Mark." I trat die Erbschaft an, worauf die Hypothekforderung des O auf I umgeschrieben und D hievon verständigt wurde. Einige Zeit darauf teilte N die zu seinen Gunsten gemachte Verfügung des O dem D mit und verlangte von demselben, weil die übernommene Schuld sich durch diese Verfügung um 4000 ℳ gemindert habe, die Bezahlung eines gleich großen Betrages des vereinbarten Kaufpreises. D verweigerte die Zahlung, da die übernommene Forderung in ihrem vollen Betrage im Hypothekenbuche stehe, durch die von O dem N gemachte Schenkung das zwischen D und I bestehende Rechtsverhältnis nicht berührt werde und N auch nicht in der Lage sei, im

Falle der Zahlung die Löschung des bezahlten Betrages zu bewirken.

Welche Rechte hat N gegen D?

2. Die Eisenbahngesellschaften in A und B sind übereingekommen, zwischen den Städten A und B eine tägliche Schnellzugsverbindung einzurichten. Das Unternehmen wird in der Weise betrieben, daß die Züge abwechslungsweise von jeder der beiden Bahnverwaltungen gestellt, Gewinn und Verlust gleichheitlich geteilt werden.

Am 26. März l. Js. stieß der von der Eisenbahngesellschaft in A gestellte Schnellzug auf dem Gebiete der Bahnverwaltung in B infolge falscher Weichenstellung mit einem Güterzuge zusammen, wobei der im Dienste der Gesellschaft in A stehende Heizer Z schwere Verletzungen erlitt. Die Berufsgenossenschaft X, welcher die Eisenbahngesellschaft in A angehört, setzte demselben eine Rente im Betrage von 30% seines Arbeitsverdienstes aus. Z ist hiemit nicht zufrieden und verlangt von der Gesellschaft in B eine weitere Rente von 240 ℳ, weil er auf der Eisenbahn der letzteren verletzt worden sei und der wirkliche Verdienstentgang die ihm von der Berufsgenossenschaft gewährte Rente von 240 ℳ jährlich übersteige. Die Bahnverwaltung in B bestreitet zwar nicht die Angabe des Z über seinen wirklichen Verdienstentgang, weigert sich aber dem Anspruche nachzukommen, weil das Unfallversicherungsgesetz denselben ausschließe. Wie ist zu entscheiden?

3. Am 13. Juli 1889 starb der Pächter A in X mit Hinterlassung eines wegen Formfehlers nichtigen Testamentes, in welchem ein entfernter Verwandter B zum Erben eingesetzt war. Nach seinem Tode nahm C, der Sohn seiner Halbschwester, den Nachlaß in Besitz und weigerte sich, denselben dem B herauszugeben, weil das Testament nichtig sei. B suchte die Sache in Güte beizulegen und bot dem C 500 ℳ, wenn er auf die Anfechtung des Testaments verzichte und

ihm den Nachlaß herausgebe. Dieses Anerbieten nahm C um so lieber an, als ihm bekannt war, daß nicht er, sondern der seit einiger Zeit in Amerika befindliche Neffe D des Verstorbenen der nächste Intestaterbe ist.

B ließ hierauf die noch auf dem Felde stehende Ernte einheimsen und verwendete den Ertrag im Werte von 320 ℳ in seinem Haushalte, den er in der bisherigen Weise fortführte. Mit dem Erlöse aus dem Verkaufe der in der Pachtwohnung des Verstorbenen befindlichen Gegenstände und Gerätschaften bezahlte B den noch rückständigen Pachtzins von 100 ℳ, indem er zugleich das Pachtverhältnis durch Übereinkommen mit dem Verpächter löste. Das vorhandene Pferd verkaufte B an den Bauern Z um 240 ℳ und schenkte diesen Betrag seinem Bruder E, der sich damals gerade in Geldverlegenheit befand. Endlich zog B die ausstehenden Forderungen des Verstorbenen ein, bezahlte damit die Nachlaßschulden im Betrage von 300 ℳ und verwendete den Rest von 400 ℳ zur teilweisen Tilgung einer von ihm eingegangenen Schuld.

Am 16. November kam D unerwartet aus Amerika zurück. Er sucht nun in den Besitz seiner Erbschaft zu kommen, findet aber Schwierigkeiten, da C in mißliche Vermögensverhältnisse geraten ist und B auf die Aufforderung, die Erbschaft herauszugeben, erwidert, daß er von derselben nichts mehr besitze. D glaubt jedoch gleichwohl den B in Anspruch nehmen zu können, weil dieser sich die Erbschaft angemaßt habe, obwohl er wußte, daß das Testament nichtig und er nicht Erbe geworden sei. Ist sein Anspruch begründet? Kann D von Z die Herausgabe des von ihm gekauften Pferdes verlangen? Gesetzt, C wäre in guten Verhältnissen, könnte D denselben wegen der Erbschaft in Anspruch nehmen?

Der Bearbeitung ist neben den Reichsgesetzen das gemeine Recht mit den für das ganze Gebiet desselben in Bayern geltenden Landesgesetzen zu Grunde zu legen. Die Entscheidungen sind zu begründen.

I. Aufgabe
aus dem Handels-, Wechsel- und Konkursrechte.

1. A und B haben seit dem Jahre 1880 unter der Firma A und Cie. in Kommanditgesellschaft eine Kurzwarenhandlung betrieben. A war persönlich haftender Gesellschafter, die Einlage des B betrug 15000 ℳ und war vollständig eingezahlt. Im Februar 1888 kamen A, B und ihr bisheriger Prokurist C überein, daß am 1. März 1888 B austreten, C als offener Gesellschafter eintreten, die Firma unverändert bleiben und der Geschäftsanteil des B von A und C zu gleichen Teilen abgelöst werden sollte. Der Austritt des B und der Eintritt des C wurden am 1. März 1888 in das Handelsregister eingetragen. Am nämlichen Tage erhielt B von C für die Hälfte seines Geschäftsanteils, der sich durch nicht erhobenen Gewinn auf 16000 ℳ erhöht hatte, 8000 ℳ und von A für die andere Hälfte 4000 ℳ; wegen der übrigen 4000 ℳ gewährte er dem A, dessen Ehefrau Bürgschaft leistete, Zahlungsfrist bis zum 1. März 1890. Im Frühling 1889 ließen sich A und Cie. in gewagte Spekulationen in Kaffee ein, deren unglücklicher Ausgang die Eröffnung des Konkurses über das Gesellschaftsvermögen zur Folge hatte. Aus der Konkursmasse haben die nicht bevorrechtigten Gläubiger 20% ihrer Forderungen erhalten. A und C haben ein Privatvermögen von irgend welchem Belange nicht. Das Vermögen der Ehefrau des A reicht zur Befriedigung ihrer eigenen Gläubiger aus. Fünf Gesellschaftsgläubiger, deren Forderungen aus den Jahren 1886 und 1887 stammen und zusammen einen Ausfall von 16000 ℳ erlitten haben, nehmen nun für diesen die Haftung des B in Anspruch, weil bei seinem Austritte aus der Gesellschaft die gesetzlich vorgeschriebene Liquidation, bei welcher sie volle Befriedigung erhalten hätten, unterblieben sei. B bestreitet seine Haftung, weil er seine Einlage mittels der Abtretung an A und C der

Gesellschaft belassen habe, so daß die Rechtslage der Gläubiger unverändert geblieben sei. Wie ist zu entscheiden?

2. In dem am 12. Juni 1889 eröffneten Konkurse über das Vermögen des A hat B, welcher im Januar 1889 die Bürgschaft für eine Schuld des A an C zu 250 Mk. übernommen und am 18. Juni den C befriedigt hat, seinen Ersatzanspruch angemeldet. Derselbe wurde im Prüfungstermin von A anerkannt, von dem Konkursverwalter aber aus dem Grunde bestritten, weil die Forderung des B erst nach der Eröffnung des Konkurses entstanden sei und deshalb in diesem nicht geltend gemacht werden könne. In dem von B gegen den Konkursverwalter erhobenen Rechtsstreite ist der Widerspruch des letzteren für begründet erklärt worden. Das Urteil hat die Rechtskraft erlangt. Mittlerweile ist der Konkurs durch einen Zwangsvergleich beendigt worden, nach welchem die nicht bevorrechtigten Gläubiger 45 % ihrer Forderungen erhalten. B verlangt jetzt von A den ganzen Betrag der bezahlten Schuld und erwidert auf die Einrede des Zwangsvergleiches, der letztere berühre ihn nicht, weil rechtskräftig festgestellt sei, daß er nicht zu den Konkursgläubigern gehöre. Wie ist zu entscheiden?

Neben den Reichsgesetzen haben die Kandidaten, welche die Prüfung in den Landesteilen rechts des Rheins ablegen, das Gemeine Recht mit den für das ganze Gebiet desselben in Bayern geltenden Landesgesetzen, die Kandidaten, welche die Prüfung in der Pfalz ablegen, das dort geltende Recht anzuwenden. Die Entscheidungen sind zu begründen.

II. Aufgabe

aus dem Handels-, Wechsel- und Konkursrechte.

1. In der in X seit dem Jahre 1882 bestehenden eingetragenen Genossenschaft „Kreditverein X" ist es im Sommer 1889, nachdem der Antrag, die Genossenschaft aufzulösen und das Geschäft in ein Aktienunternehmen umzuwandeln, von der

Generalversammlung abgelehnt worden war, zu zahlreichen Aufkündigungen gekommen, weshalb die in der Genossenschaft verbleibenden Mitglieder neue Genossen zu gewinnen suchten. Der Apotheker A übernahm es, die mit seiner Ehefrau befreundete Professorswitwe B zum Beitritte zu bestimmen und brachte sie dazu, daß sie am 12. Oktober ein den gesetzlichen Erfordernissen entsprechendes Beitrittsformular unterzeichnete. Da sie aber wegen der von der Genossenschaft beibehaltenen unbeschränkten Haftung noch Bedenken hegte und am nächstfolgenden Tage zu ihrer in England verheirateten Tochter abreisen wollte, so sagte sie dem A bei der Aushändigung der Beitrittserklärung, sie wolle nur beitreten, wenn ihr eben auf einer Urlaubsreise befindlicher Schwager Rechtsrat C gleichfalls beitrete, A dürfe deshalb, so lange C nicht beigetreten sei, ihre Erklärung nicht abgeben. A hatte wenig Hoffnung auf den Beitritt des C, wolle aber der Genossenschaft die Förderung nicht entgehen lassen, welche er von dem Beitritte der angesehenen Frau erhoffte, und legte deshalb ihre Beitrittserklärung dem Genossenschaftsvorstande vor, ohne den von ihr mündlich gemachten Vorbehalt zu erwähnen. Auf Grund der vom Vorstande dem Gerichte eingereichten Erklärung erfolgte am 16. Oktober die Eintragung der Witwe B in die Liste der Genossen. Bei ihrer Rückkehr von England erfuhr die B, daß C nicht beigetreten, ihr Name aber in die Liste aufgenommen ist, und daß die Genossenschaft sich in bedenklicher Lage befindet. Sie verlangt nun, daß ihre Eintragung für nichtig erklärt werde, weil A zur Abgabe ihrer Beitrittserklärung nicht berechtigt gewesen sei. Der Vorstand erachtet die Eintragung für rechtswirksam, weil sie dem Gesetze gemäß auf Grund der von ihm eingereichten schriftlichen Erklärung der B erfolgt sei, und bestreitet die Wirksamkeit des von ihr dem A gegenüber mündlich gemachten Vorbehaltes, weil die Vollmacht zur Abgabe der Beitrittserklärung ebensowenig wie diese selbst von einer Bedingung abhängig gemacht werden könne.

Wie ist zu entscheiden?

2. Der Kaufmann A in X hat am 26. August 1889 einen am 26. November 1889 fälligen Wechsel über 700 Mk. auf den Kaufmann B in Y an die Ordre des Maurermeisters C in Z ausgestellt. C, welcher den B für unsicher hielt und glaubte, daß der in Y wohnhafte D, der Schwiegervater des A, erforderlichen Falles den Wechsel gern einlösen werde, setzte ohne Vorwissen des A auf die Vorderseite des Wechsels, unmittelbar unter die Adresse, den Vermerk „im Falle der Not bei D in Y" und begab sodann den Wechsel an E. Dieser erfuhr einige Tage vor dem Verfalltage von A, daß der Vermerk von C ohne seine Zustimmung auf den Wechsel gesetzt war. A fügte seiner Mitteilung bei, C sei dazu durch übertriebene Aengstlichkeit veranlaßt worden; B werde gewiß zahlen; sollte dies aber wider Erwarten nicht geschehen, so sei A damit einverstanden, daß E sich an D wende. B leistete am Verfalltage auf Vorlage des Wechsels keine Zahlung, auch D ließ sich, als E ihm den Wechsel vorlegte, zur Zahlung nicht herbei, weshalb E am 27. November bei B mangels Zahlung Protest erheben ließ. Nun will er seine Rechte aus dem Wechsel gegen A und C geltend machen. Beide bestreiten ihre Haftung, weil E nicht auch bei D habe Protest erheben lassen. E könne aus dem Wechsel nur die Rechte herleiten, welche sich aus demselben, wie er zur Zeit seines Erwerbes war, ergeben; überdies sei die Angehung des D von A dem E gegenüber genehmigt worden. E erwidert, der auf die Angehung des D bezügliche Vermerk sei eine Fälschung des C, aus welcher keiner der beiden Wechselschuldner und am wenigsten der Fälscher C selbst Rechte herleiten könne. Wie ist zu entscheiden?

Neben den Reichsgesetzen haben die Kandidaten, welche die Prüfung in den Landesteilen rechts des Rheins ablegen, das Gemeine Recht mit den für das ganze Gebiet desselben in Bayern geltenden Landesgesetzen, die Kandidaten, welche die Prüfung in der Pfalz ablegen, das dort geltende Recht anzuwenden. Die Entscheidungen sind zu begründen.

I. Aufgabe aus dem Zivilprozeßrechte.

1. Auf Grund eines Beschlusses des Amtsgerichts L, durch welchen der Betrag der von B dem A zu erstattenden Kosten auf 100 Mk. festgesetzt worden war, hat das Amtsgericht M am 2. November 1889 eine dem B gegen C zustehende Forderung im Betrage von 60 Mk. gepfändet und dem A zur Einziehung überwiesen und am 5. November 1889 gegen B, da derselbe die Leistung des Offenbarungseides, zu welcher ihn A nach einem fruchtlosen Pfändungsversuche hatte vorladen lassen, ohne Grund verweigerte, die Haft angeordnet.

Am 6. November 1889 hat das Landgericht L auf Beschwerde des B den Betrag der dem A zu erstattenden Kosten auf 50 Mk. herabgemindert, und am 7. November 1889 hat B diesen letzteren Betrag nebst den Kosten der Zwangsvollstreckung an A bezahlt, ohne jedoch von dem letzteren eine Quittung erhalten zu haben.

Welche Schritte hat B zu thun, um die Aufhebung der Beschlüsse vom 2. und 5. November 1889 herbeizuführen?

2. A hat gegen den in M wohnenden B bei dem Amtsgerichte N eine Klage auf Herausgabe eines Pferdes erhoben, welches ihm B verkauft und in N zu übergeben versprochen habe. B hat gegen diese Klage die Einrede der Unzuständigkeit vorgebracht, da M als Erfüllungsort vereinbart worden sei, und die Verhandlung zur Hauptsache verweigert; das Amtsgericht N hat jedoch, da es durch die vorgelegten Briefe der Parteien die klägerischen Behauptungen über den Erfüllungsort als erwiesen erachtete, die Einrede der Unzuständigkeit mit Urteil vom 1. Oktober 1889 verworfen.

Nachdem dieses Urteil die Rechtskraft beschritten hatte, ergab sich in dem zur Hauptsache gepflogenen Beweisverfahren, daß M als Lieferungsort von den Parteien bestimmt worden war.

Trotzdem beantragte A in der Schlußverhandlung, den B zur Übergabe des Pferdes in N zu verurteilen, da durch das Urteil vom 1. Oktober 1889 rechtskräftig festgestellt sei, daß N der Erfüllungsort sei; sollte sich aber das Gericht dieser Anschauung nicht anschließen, so bitte er den Beklagten zur Lieferung des Pferdes in M zu verurteilen.

Der Beklagte bezeichnete den ersten Antrag des Klägers als unbegründet, den zweiten als unzulässige Klageänderung.

Wie ist zu entscheiden?

3. A hat unter der Behauptung, daß C dem B ein in 3 Raten zu 300 Mk. rückzahlbares Darlehen von 900 Mk. gegeben und er, A, den C beerbt habe, bei dem Amtsgerichte M eine verfallene Rate dieses Darlehens mit 300 Mk. eingeklagt. B hat den Empfang des Darlehens eingeräumt, sich jedoch selbst als alleinigen Erben des C bezeichnet. Daraufhin beantragte A festzustellen, daß er Alleinerbe des C geworden und daß ihm B das Darlehen von 900 Mk. schuldig sei, und dehnte zugleich die Klage auf einen inzwischen verfallenen weiteren Betrag von 300 Mk. aus. B stellte nun den Antrag, das Amtsgericht wolle seine Unzuständigkeit aussprechen und den Rechtsstreit vor das Landgericht M verweisen, zu dessen Bezirk das Amtsgericht M gehört. A dagegen erklärte, er wolle die Klage, wenn der Rechtsstreit nicht vor dem Amtsgerichte zum Austrage komme, nicht bei dem Landgerichte M, sondern bei dem als Gericht des Erfüllungsortes zuständigen Landgerichte O erheben; er stelle daher den Antrag, das Amtsgericht M wolle die Sache vor das letztere Landgericht verweisen, oder, falls dies nicht für zulässig erachtet werde, lediglich seine Unzuständigkeit aussprechen. Wie ist zu entscheiden?

Wie wäre zu entscheiden, wenn A erst während der Rechtsstreit in der Berufungsinstanz bei dem Landgerichte M schwebte, seine Klage auf 600 Mk. erweitert und die Feststellung seiner Erbeneigenschaft und der Darlehensschuld von

900 Mk. beantragt und B gebeten hätte, den Rechtsstreit vor das Landgericht M als erste Instanz zu verweisen.

Neben den Reichsgesetzen haben die Kandidaten, welche die Prüfung in den Landesteilen rechts des Rheines ablegen, das gemeine Recht mit den für das ganze Gebiet desselben in Bayern geltenden Landesgesetzen, die Kandidaten, welche die Prüfung in der Pfalz ablegen, das dort geltende Landrecht anzuwenden.

Die Entscheidungen sind zu begründen.

II. Aufgabe aus dem Zivilprozeßrechte.

1. In einem Rechtsstreite, welchen A gegen B auf Rückzahlung eines Darlehens von 200 Mark erhoben hatte, war durch bedingtes Endurteil des Amtsgerichts X vom 2. Januar 1889 auf einen richterlichen Eid des A, daß ihm B die 200 Mark nicht zurückbezahlt habe, erkannt worden. Nachdem dieses Urteil die Rechtskraft beschritten hatte, wurde über das Vermögen des A der Konkurs eröffnet. Im Schwurtermine erschienen A und der Konkursverwalter M und beantragten beide, dem A den Eid abzunehmen. M bemerkte hiebei, er nehme den Rechtsstreit für die Konkursmasse auf, sei aber damit einverstanden, daß dessen Ausgang vom Eide des A abhängig gemacht werde. B dagegen stellte den Antrag, das bedingte Endurteil vom 2. Januar 1889 aufzuheben, da A eidesunfähig geworden sei und ihn zum Beweise über die Zahlung durch den Zeugen R zuzulassen.

M trat diesem Antrage entgegen; das Amtsgericht X ordnete jedoch mit Beweisbeschluß vom 3. Juni 1889 die Vernehmung des Zeugen R an und nahm dieselbe am 17. Juni 1889 vor.

Am 13. Juli 1889 wurde das Konkursverfahren gegen A mit Zustimmung aller Konkursgläubiger eingestellt.

In der am 17. September 1889 gepflogenen Schlußverhandlung stellte nun A den Antrag, ihm den durch das Urteil vom 2. Januar 1889 auferlegten Eid abzunehmen, zu dessen Leistung er nunmehr zweifellos fähig sei. B dagegen wiederholte den Antrag, das Urteil vom 2. Januar 1889 aufzuheben, und bat, ihm mit Rücksicht auf die für ihn günstige Aussage des Zeugen R den richterlichen Eid aufzuerlegen.

Wie hat das Gericht zu entscheiden, wenn die Aussage des Zeugen R in der That für B so günstig lautet, daß dem letzteren zur Vervollständigung des Beweises der richterliche Eid auferlegt werden könnte?

2. Durch Beschluß des Amtsgerichts M vom 20. Dezbr. 1888 ist der Betrag der von B dem A gemäß eines Urteils vom 5. Januar 1887 zu erstattenden Kosten auf 80 Mark festgesetzt und durch Beschluß des Landgerichts M v. 2. Jan. 1889 ist die auf Herabsetzung dieser Kosten gerichtete Beschwerde des B als unbegründet verworfen worden.

A ließ nun auf Grund des Kostenfestsetzungsbeschlusses vom 20. Dezember 1888, welchen er nebst dem Beschlusse vom 2. Januar 1889 am 5. Januar 1889 dem B und, nachdem er erfahren hatte, daß B durch Beschluß des Amtsgerichts N vom 4. Januar 1888 wegen Geisteskrankheit entmündigt worden war, am 4. November 1889 dem Vormunde des B, M, hatte zustellen lassen, am 27. November 1889 ein Pferd des B in O pfänden.

Kann M die Aufhebung dieser Pfändung und der Beschlüsse vom 20. Dezember 1888 und 2. Januar 1889 herbeiführen?

3. A hat gegen B Klage auf Herausgabe eines Hundes erhoben, welchen B wegen eines ihm angeblich gegen A zustehenden Anspruches zurückbehalten hatte, und am 2. Juli 1889 ein obsiegliches Urteil erwirkt, in dessen Gründen ausgeführt war, daß der Anspruch des B nicht zu Recht bestehe und sohin die Zurückbehaltung des Hundes ungerechtfertigt sei. B hat dem mit der Zwangsvollstreckung beauftragten Gerichts-

vollzieher den Hund herausgegeben und die Kosten bezahlt und hierauf die vollstreckbare Ausfertigung des Urteils ausgeliefert erhalten. Wenige Minuten später entkam jedoch der Hund und kehrte zu B zurück, der dessen Herausgabe verweigert.

Welche Schritte hat A zu thun, um in den Besitz des Hundes zu gelangen?

Wäre es gegenüber dem inzwischen rechtskräftig gewordenen Urteile vom 2. Juli 1889 statthaft, daß sich B, wenn A neuerdings gegen ihn klagend vorginge, zur Rechtfertigung seines angeblichen Zurückbehaltungsrechts auf das Bestehen des früher von ihm ohne Erfolg geltend gemachten Anspruches beriefe?

Neben den Reichsgesetzen haben die Kandidaten, welche die Prüfung in den Landesteilen rechts des Rheins ablegen, das gemeine Recht mit den für das ganze Gebiet desselben in Bayern geltenden Landesgesetzen, die Kandidaten, welche die Prüfung in der Pfalz ablegen, das dort geltende Landrecht anzuwenden.

Die Entscheidungen sind zu begründen.

I. Aufgabe
aus dem Strafrechte.

1. Der Bäcker Konrad Weber in X hatte am 4. Juli l. Js. gegen den Hausbesitzer Ludwig Ferber in X Klage auf Erfüllung eines Mietvertrages erhoben, welche auf die Behauptung gestützt war, daß ihm Ferber einen in der Klage näher bezeichneten Laden in seinem Hause um den monatlich zu bezahlenden Mietzins von 50 Mk. vom 1. Juli lfd. Js. an vermietet habe. In der Verhandlung über diese Klage bestimmten Sitzung des Amtsgerichts X vom 9. Juli l. Js. stellte der Beklagte Ferber das Vorbringen des Klägers in Abrede, worauf Letzterer sich zum Beweise der Klagsbehauptung durch Eideszuschiebung erbot. Nachdem der Beklagte

diesen Eid anzunehmen erklärt hatte, erließ das Gericht Beweisbeschluß dahin,

„Beklagter habe zu schwören, daß die Behauptung des Klägers, als habe er demselben den in der Klage näher bezeichneten Laden in seinem Hause um den monatlichen Mietzins von 50 ℳ vom 1. Juli lfd. Js. an vermietet, nicht wahr sei.“

Im Einverständnisse beider Parteien wurde sofort zur Eidesabnahme geschritten; dabei wurde jedoch durch irrige Auffassung der Worte „er“ und „demselben“ die Eidesnorm dahin festgestellt:

„Ich schwöre bei Gott dem Allmächtigen und Allwissenden, daß die Behauptung des Klägers, als habe er mir u. s. w. vermietet, nicht wahr ist“,

während es richtig hätte heißen müssen:

„als habe ich ihm u. s. w. vermietet.“

Der Fehler in der Eidesnorm wurde weder von den Parteien noch vom Gerichte bemerkt. Ludwig Ferber leistete den Eid in der oben angegebenen Fassung und der Prozeß endigte mit Abweisung der Klage.

Anfangs September lfd. Js. erstattete Konrad Weber gegen Ludwig Ferber bei der Staatsanwaltschaft am Landgerichte X Anzeige wegen Meineids; er benannte Zeugen dafür, daß Ferber ihm allerdings den fraglichen Laden vermietet habe und beantragte die Einleitung des Strafverfahrens. Es wurde Voruntersuchung gegen Ferber eröffnet. Die Vernehmung der von Weber benannten Zeugen führte zu einem für den Angeschuldigten nicht günstigen Ergebnisse; letzterer aber blieb bei seinem Verhöre darauf stehen, daß er den Eid mit gutem Gewissen geleistet und den Laden nicht an Weber vermietet habe.

Der Fehler in der Eidesnorm wurde erst entdeckt, als der Staatsanwalt an die Fertigung der Anklageschrift ging. Dem zur Fertigung der Anklageschrift berufenen staatsanwaltschaftlichen Beamten erschien die Frage, welcher strafbaren Handlung Ludwig Ferber anzuklagen sei, sehr zweifelhaft. Er beriet über den Fall mit seinen Kollegen und es traten bei dieser Beratung vier Meinungen zu Tage. Die eine Ansicht ging dahin, daß Ferber trotz des Versehens bei der Eidesabnahme sich des Verbrechens des Meineids schuldig gemacht habe; eine zweite Meinung erachtete unter den obwaltenden Verhältnissen nur die Anklage wegen Versuchs des Meineids für begründet; die dritte Aschauung war, daß Ferber wegen fahrlässigen Falscheides anzuklagen sei, weil er bei Anwendung der durch die Heiligkeit des Schwuraktes gebotenen Sorgfalt und Umsicht den Fehler in der Eidesnorm hätte merken müssen, während die vierte Meinung sich dahin aussprach, daß im vorliegenden Falle eine strafbare Handlung überhaupt nicht gegeben sei.

Welche dieser Meinungen ist die richtige?

2. Zwei Soldaten hatten von ihrem Vorgesetzten den dienstlichen Befehl erhalten, die Ordnungsstörer bei einem entstandenen Auflaufe zu verhaften. Es lag in der Natur dieses Auftrages, daß es dem Ermessen der Soldaten anheimgestellt bleiben mußte, diejenigen Personen, welche Exzesse verübten, und daher zu verhaften waren, herauszufinden. Die Soldaten verhafteten nun infolge eines Versehens den A, obwohl bei diesem die thatsächlichen Voraussetzungen zur Festnahme fehlten, weil er die Ordnung in keiner Weise gestört hatte. Als dem A, welcher sich freilich über seine Person nicht genügend auszuweisen vermochte, die Festnahme angekündigt wurde, weigerte er sich unter Berufung auf seine Unschuld, den Soldaten zu folgen, stemmte sich vielmehr, als ihn die Soldaten vorwärts schieben wollten, mit den Füßen fest gegen den Boden und klammerte sich mit den Händen an einen an der Straße stehenden Gaskandelaber. Den vereinten Bemühungen der Soldaten gelang es, den Widerstand des A zu überwältigen; A sah die Nutzlosigkeit ferneren Sträubens ein und war, da er keine Möglichkeit der Flucht erblickte, entschlossen, sich nun in sein Schicksal zu fügen. Er ging ruhig zwischen den beiden Soldaten in der Richtung nach dem nahen Wachtlokale. Kaum aber war er etliche Schritte gegangen, als die beiden Soldaten, über die frühere Widersetzlichkeit des A er-

bittert, begannen, den Verhafteten durch Stöße mit den Gewehrkolben zu mißhandeln. Als der zur Stelle befindliche B, ein Freund des A, letzteres bemerkte, beschloß er dem bedrängten Freunde zu Hilfe zu kommen. In der zweifachen Absicht, den A vor der nach Lage der Umstände zu gewärtigenden Fortsetzung der Mißhandlung seitens der Soldaten zu schützen und demselben die Flucht zu ermöglichen, stürmte er gegen die Soldaten an, schlug dem einen derselben mit einem kräftigen Faustschlag den Helm vom Kopfe und hielt den anderen mit beiden Armen fest. A, dem Zurufe des Freundes „Lauf schnell" sofort Folge leistend, benützte die in Folge dieses unvermuteten Überfalles eingetretene Verwirrung der Soldaten, ergiff, während sich die letzteren mit dem B zu schaffen machten, schleunig die Flucht, war aber kaum 10 Schritte weit gelaufen, als er von einer des Weges kommenden Patrouille angehalten und wieder festgenommen wurde.

Wie sind die Handlungen des A und des B strafrechtlich zu beurteilen?

3. Am 29. Oktober 1880 kauften die Metzger Joseph N und Georg L in X gemeinschaftlich eine Kuh des Gütlers Michael M in Z für 24 Mark und schlachteten sie noch an demselben Tage. Die Kuh, welche bei der sächsischen Vieh-Versicherungsgesellschaft versichert war, litt, wie sämtliche Beteiligte wußten, an Tuberkeln; sie wurde für unheilbar gehalten und ihr Verkauf erfolgte für Rechnung der Versicherungsgesellschaft. Ihr Fleisch war nach dem — für die Entscheidung des Falles als maßgebend zu erachtenden — Gutachten des Amtsarztes in X infolge der Krankheit in einem Grade verdorben, daß der Genuß desselben für Menschen gesundheitsschädlich wirken mußte. Letzteres war auch sowohl dem Verkäufer als den Käufern der Kuh bekannt.

Joseph N hat nun von der auf ihn entfallenen Hälfte des Fleisches den größeren Teil noch frisch um den Preis von 35 Pfennig für das Pfund an den Bauern O in Y zum Zwecke des Einpöckelns und des allmähligen Verbrauchs in des letzteren Hauswirtschaft käuflich überlassen. Dabei verschwieg er dem O, daß das Fleisch von einem kranken Tiere herrühre, behauptete vielmehr, daß die Kuh nur wegen eines auf die Brauchbarkeit ihres Fleisches als Nahrungsmittel einflußlosen äußeren Gebrechens geschlachtet worden sei.

Georg L zerlegte den auf ihn entfallenen Anteil des Fleisches der Kuh verkaufsgerecht in Stücke, wie er sie voraussichtlich für seine Kunden brauchte, verlud diese Stücke auf seinen Handkarren und verbrachte sie so nach der städtischen Freibank zu X, um sie dort an der ihm zugewiesenen Verkaufsstelle zu verkaufen. Sowie er aber mit seinem Karren in die Freibank einfahren wollte, wurde er von dem städtischen Polizeidiener K angehalten. Eine Untersuchung des Fleisches ergab dessen fehlerhafte Beschaffenheit und führte zu dessen Beschlagnahme.

Das gegen Georg L eingeleitete Strafverfahren wurde alsbald, nachdem der Sachverhalt offenbar geworden war, auch auf Joseph N ausgedehnt. Infolge einer in des letzteren Wohnungs- und Geschäftsräumen gehaltenen Durchsuchung kam zutage, daß Joseph N den nach dem Verkaufe an den Bauern O ihm verbliebenen Rest seines Anteils an dem Fleische der Kuh zum Verbrauch in seinem eigenen Haushalt für seine Dienstboten eingepöckelt hatte. Zur Verwendung war von diesem Fleische noch nichts gelangt; doch hatte es Joseph N gerade am Tage vor der Durchsuchung der die Küche für die Dienstboten besorgenden Köchin bereits mit der Bestimmung überwiesen, dasselbe nach Bedarf zum Kochen herzunehmen.

Wie sind die Handlungen des Joseph N und des Georg L strafrechtlich zu beurteilen? Welche Strafen — im Höchst- und Mindestmaße — haben N und L etwa erwirkt?

Ist auch der Gütler Michael M strafbar und ist es auf dessen Strafbarkeit von Einfluß, ob er bei dem Verkaufe der Kuh gewußt hat, daß die Käufer das Fleisch derselben als Nahrungsmittel für Menschen in Verkehr bringen wollten?

Wie wäre es, wenn zwar Michael M bei dem Verkaufe der Kuh sich bewußt war, daß das Fleisch derselben von den Käufern voraussichtlich als Nahrungsmittel für Menschen werde verwendet werden, wenn aber die Käufer ihrerseits die Kuh in der — allerdings unausgesprochen gebliebenen — Absicht erworben hätten, die Haut entsprechend zu verwerten und das Fleisch an den Besitzer einer damals gerade in X aufgestellten Menagerie als Tierfutter zu verkaufen?

Die Beantwortung jeder Frage ist unter Anführung der einschlägigen Gesetzesstellen kurz zu begründen.

II. Aufgabe
aus dem Strafrechte.

1. Der 20jährige Bauerssohn Alois Reiter von Au befand sich am 15. Juli l. Js. morgens 1/4 4 Uhr, mit Jagdgewehr, Schießzeug und Rucksack ausgerüstet, in der zum Jagdbezirke des Gutsbesitzers Grafen von Z gehörigen Waldung „Neureut", um dort zu wildern. Als Reiter eben hinter einem Baume auf dem Anstand stand, sah er, wie ungefähr 80 Schritte von ihm entfernt eine Mannsperson in der Richtung auf ihn her des Weges kam, welche er nach ihrer äußeren Erscheinung für den mit dem Jagdschutze in der fraglichen Waldung betrauten gräflichen Jagdgehilfen Schütz hielt. Er beschloß, um der unmittelbar bevorstehenden Betretung durch Schütz zuvorzukommen, auf letzteren zu schießen. Da er aber der sicheren Überzeugung war, daß Schütz in dem Dämmerlichte des Morgens ihn, der zudem durch ein ziemlich dichtes Gebüsch geborgen war, noch nicht gesehen hatte, so war seine Absicht nicht auf Tötung des sich nähernden Jagdgehilfen, sondern nur darauf gerichtet, letzteren für die Verfolgung unfähig zu machen. Reiter zielte deshalb gegen die Füße des inzwischen näher Gekommenen, drückte los und der Getroffene sank, von sechs Schroten am rechten Fuße verwundet, zu Boden. Sofort nach dem Schusse machte sich Reiter, durch das Dickicht schleichend, auf die Flucht.

Hinterher stellte sich heraus, daß die von dem Schusse getroffene Person der Holzarbeiter Joseph Meier war, welcher sich damals an seinen Arbeitsplatz in jenem Walde begeben wollte und welchen Reiter in der Morgendämmerung irrtümlich für den Jagdgehilfen Schütz gehalten hatte. Meier war infolge der Schußwunden sechs Wochen arbeitsunfähig; einen weiteren Nachteil hat er nicht erlitten.

Gegen Alois Reiter wird öffentliche Klage erhoben unter der Anschuldigung wegen eines Verbrechens des Versuchs zu einem Verbrechen des Widerstands gegen die Staatsgewalt gemäß § 118 des Strafgesetzbuchs. Ist diese Anklage begründet und erschöpft dieselbe den in der vorstehenden Thatgeschichte niedergelegten strafbaren Thatbestand?

2. Der Gutsbesitzer F in P hatte im heurigen Herbste die Wahrnehmung gemacht, daß in dem ihm gehörigen, vier Tagwerk großen Fischteiche, der die Eigenschaft eines vollständig geschlossenen Gewässers hat, eine auffällig große Anzahl von Fischen verendet und teilweise sogar in Stücke zerrissen an der Oberfläche des Wassers dahintrieb. F glaubte Grund zu der Annahme zu haben, daß die Tötung dieser Fische durch die unberechtigte Einwirkung eines Dritten erfolgt sei, und sein Verdacht richtete sich gegen den Tagelöhner Konrad K in P, welchen er wegen schlechter Arbeit aus seinem Dienste entlassen und welcher, hierüber erbittert, wiederholt gedroht hatte, er werde dem F seine Rache schon fühlen lassen. Es wurde bei Konrad K Haussuchung gehalten und dabei fand man in dessen Besitze, in einer Kiste auf dem Dachboden seines Hauses versteckt, sechs Stück Dynamitpatronen.

In dem eingeleiteten Strafverfahren gestand Konrad K, daß er von dem ihm befreundeten Grubenarbeiter Felix M im August heur. Js. 10 Stück Dynamitpatronen zu dem Zwecke erworben hatte, um dieselben in dem Fischweiher des F zur Explosion zu bringen. Er habe hiebei die Absicht gehabt, dem F durch Tötung möglichst vieler Fische Schaden zuzufügen, um sich für seine Entlassung zu rächen. In zwei Nächten habe er je zwei Patronen in dem Weiher explodieren lassen und bei dieser Gelegenheit allerdings auch von den hiedurch getöteten Fischen so viele sich angeeignet, als er zur Verwendung in seinem eigenen Haushalte brauchen konnte.

Von den noch vorhandenen sechs Patronen hätte er, wenn er nicht entdeckt worden wäre, den gleichen Gebrauch gemacht.

In der Richtung gegen den Grubenarbeiter Felix M wurde durch die Untersuchung festgestellt, daß er infolge seines Berufes als Bergmann sich in den Besitz der Patronen zu setzen gewußt und daß er dieselben dem Konrad K, welcher in einer dem M glaubhaft erschienenen Weise angegeben hatte, sie zum Fischen in dem Schwarzachflusse und in den darein mündenden Bächen benutzen zu wollen, auf wiederholtes Bitten geschenkt hatte, obwohl ihm bekannt war, daß Konrad K zum Fischen in den bezeichneten Gewässern keine Berechtigung besaß.

Welcher strafbaren Handlungen haben sich Konrad K und Felix M schuldig gemacht und welche Strafen — im Höchst- und Mindestmaße — haben dieselben verwirkt?

3. Der Wildprethändler G in R hatte am 20. Septbr. l. Js. vormittags in seinem Laden 18 Stück Hasen zum Verkaufe ausgelegt. Bei einer Visitation des Ladens durch den mit Ausübung der Gesundheits- und Lebensmittelpolizei amtlich betrauten, als Hilfsbeamter der Staatsanwaltschaft zu erachtenden städtischen Bezirksinspektor X zeigte sich, daß von diesen 18 Hasen drei Stück bereits so sehr in Verwesung übergegangen waren, daß das Fleisch derselben, wenn auch nicht für gesundheitsschädlich, so doch infolge der beginnenden Fäulnis für erheblich herabgesetzt in seiner Tauglichkeit als Nahrungsmittel, sohin für verdorben erachtet werden mußte. Daß G diese Hasen schon einem Kunden zum Kaufe angeboten hatte, konnte nicht nachgewiesen werden.

Der Bezirksinspektor, welcher die drei Hasen nach ihrer Untersuchung abgesondert von den übrigen vor sich auf den Ladentisch gelegt hatte, machte dem G über den verdorbenen Zustand dieser Ware Vorhalt und schritt zur Beschlagnahme derselben, wobei er an G die Worte richtete: „Diese drei Hasen belege ich mit Beschlag". G bestritt die Zulässigkeit einer Beschlagnahme, weil das Fleisch der Hasen, wenn dasselbe auch einigen haut gout habe, doch recht wohl noch genießbar sei. Als nun der Bezirksinspektor sich anschickte, die vor ihm auf dem Ladentische liegenden Hasen, um sie mit sich zu nehmen, zu ergreifen, faßte ihn G mit beiden Armen fest um den Leib, drängte den sich Sträubenden mit aller Kraft gegen die offen stehende Ladenthüre, schob ihn mit kräftigem Ruck zur Thüre hinaus und sperrte rasch die Thüre hinter ihm zu. Der Inspektor entfernte sich, kam aber nach etwa einer halben Stunde in Begleitung von zwei Polizeidienern wieder. Als er nun die drei Hasen mit sich nehmen wollte, zeigte sich, daß dieselben aus dem Laden verschwunden waren. Der im Laden anwesende G verweigerte jede Auskunft über deren Verbleib. Bei einer später vorgenommenen Haussuchung aber wurden sie in einem an den Laden anstoßenden Gewölbe auf dem Boden eines mit Stroh gefüllten Fasses versteckt gefunden. G gestand nun, daß er die Hasen sofort nach der Entfernung des Bezirksinspektors dort verborgen hatte.

Wie sind die Handlungen des G strafrechtlich zu beurteilen?

Die Beantwortung jeder Frage ist unter Anführung der einschlägigen Gesetzesstellen kurz zu begründen.

I. Aufgabe
aus dem Strafprozeß.

I. Am 1. August 1889 erhielt der Bürgermeister A in X einen daselbst am genannten Tage der Post übergebenen anonymen Brief, welcher schwere Beleidigungen gegen ihn in Beziehung auf seinen Beruf enthielt. A stellte deshalb am 3. August zu Protokoll des Staatsanwalts bei dem Landgerichte X Strafantrag und bezeichnete auf Befragen als der Absendung des Briefes verdächtig den Kommissionär B zu X. Dieser sei nämlich bis vor kurzem bei dem Magistrat in X bedienstet gewesen, wegen Ordnungswidrigkeiten aber entlassen worden und infolge dessen ihm feindlich gesinnt; auch vermute er in B einen regelmäßigen Korrespondenten des zu Y erscheinenden Tagblattes „Wahrheit“, und wenn sich das letztere auch trotz gelegentlicher Besprechung gemeindlicher Angelegenheiten bisher noch in keiner Weise mit seiner Person beschäftiget habe, so enthalte doch gerade die am 1. August ausgegebene Nummer 180 einen Artikel aus X, welcher in ganz ähnlicher Weise wie der anonyme Brief seine Amtsführung angreife und ihn wahrscheinlich noch veranlassen werde, auch gegen die „Wahrheit“ Strafantrag zu stellen. Die Schrift des Briefes war offenbar absichtlich und in geschickter Weise entstellt; immerhin erschien es bei Vergleichung mit Schriftstücken von der Hand des B, welche A auf Aufforderung des Staatsanwalts beibrachte, nicht ausgeschlossen, daß auch der Brief von B herrühre.

Vor jeder weiteren Untersuchungshandlung richtete am 4. August der Staatsanwalt folgendes Schreiben an das Amtsgericht Y:

„Ich habe Vorverfahren wegen Vergehens der Beleidigung des Bürgermeisters A in X in Beziehung auf dessen Beruf, begangen durch beifolgenden Brief, eröffnet. Da die am 1. ds. Mts. ausgegebene Nummer 180 der zu Y erscheinenden „Wahrheit“ die Amtsführung des A in ganz ähnlicher Weise wie der anonyme Brief bespricht, so ersuche ich den verantwortlichen Redakteur C der „Wahrheit“ als Zeugen darüber zu vernehmen, ob er den Absender des Briefes kenne, und bejahendenfalls, wer derselbe sei, verneinendenfalls aber, wer den erwähnten in Nummer 180 der „Wahrheit“ enthaltenen Artikel aus X, dann überhaupt die im Laufe des Jahres 1889 in der „Wahrheit“ erschienenen Korrespondenzen aus X eingesendet habe, ferner ob er nicht Gründe und eventuell welche für die Vermutung habe, daß einer jener Korrespondenten der Absender des anonymen Briefes sei. Von Anordnung der Haft zur Erzwingung des Zeugnisses, falls dasselbe verweigert werden sollte, ersuche ich bis auf weiteren Antrag von meiner Seite abzusehen.“

C vor den betreffenden Amtsrichter geladen, gab auf Bekanntgabe des Briefes und des Ersuchschreibens (mit Ausnahme jedoch des Schlußsatzes) und nach Beantwortung der Generalfragen folgende Erklärung ab:

„Da ich bei der wesentlichen Gleichheit der in dem Briefe und der in dem fraglichen Artikel der „Wahrheit“ enthaltenen — meiner Ansicht nach allerdings nicht strafbaren — Äußerungen in meiner Eigenschaft als verantwortlicher Redakteur vielleicht selbst noch strafrechtliche Verfolgung zu gewärtigen habe, so muß ich die Rolle eines Zeugen in dieser Sache ablehnen. Übrigens besorgt schon seit Jahren alle Geschäfte der Redaktion mein Buchhalter D und müßte ich daher auch, um auf irgend eine der gestellten Fragen sachgemäße Antwort geben zu können, erst bei D Erkundigungen einziehen, wozu ich mich nicht für verpflichtet erachte“.

Der Amtsrichter entließ hierauf den C und lud den D als Zeugen vor. Dieser, von dem Brief und dem Schreiben des Staatsanwalts (jedoch mit Ausnahme des Schlußsatzes) sowie von der Äußerung des C in Kenntnis gesetzt, erklärte nach Beantwortung der Generalfragen:

„Es ist richtig, daß ich seit Jahren allein die Redaktion der „Wahrheit“ besorge, und vollkommen glaubhaft, daß C nichts auf die Sache Bezügliches weiß. Auch ich muß jedoch das angesonnene Zeugnis verweigern, weil

1. eine etwa gegen C als verantwortlichen Redakteur der „Wahrheit“ eingeleitete strafrechtliche Untersuchung möglicherweise auch auf mich als den thatsächlichen Redakteur ausgedehnt werden könnte;

2. nicht ersichtlich ist, ob Strafantrag wegen des angeblich beleidigenden Briefes gestellt wurde, bei dem Mangel eines solchen aber das ganze Verfahren der gesetzlichen Grundlage entbehren würde;

3. dem Amtsgericht Y ohne bezügliches Ersuchen des Staatsanwalts die Zuständigkeit fehlt, mich als Zeuge in vorwürfiger Sache zu vernehmen;

4. Das Schreiben des Staatsanwalts den Beschuldigten nicht nennt, obwohl, wie ich Grund habe anzunehmen, ein solcher vorhanden ist;

5. die Zeugnispflicht sich nur auf den Gegenstand der Untersuchung erstreckt, die Frage aber, wer außer dem Verfasser des Artikels in Nr. 180 der „Wahrheit“ sonst noch in die letztere schreibt, für die gegenwärtige Untersuchung ohne Belang erscheint;

6. der Zeuge lediglich anzugeben hat, was er von einer Sache weiß, nicht auch, was er etwa meint oder vermutet“.

Das Protokoll fährt dann fort:

D wurde über das Unzutreffende seiner Einwände belehrt und auf die gesetzlich vorgesehenen Mittel zur Erzwingung des Zeugnisses aufmerksam gemacht, erklärte jedoch wiederholt und auf das Bestimmteste, daß er sich durch nichts von seiner Weigerung abbringen lasse.

Denselben wurde daher eröffnet, daß unter diesen Umständen nichts erübrige, als sofort zu dem äußersten Mittel, der Zwangshaft, zu greifen, welche hiemit auch angeordnet werde, und daß er gegen diese Verfügung zwar Beschwerde an das Landgericht Y ergreifen könne, die Beschwerde aber keine aufschiebende Wirkung habe.

D erklärte hierauf:

„Ich beschwere mich gegen meine Verhaftung, weil ich die Zeugnisverweigerung aus den angeführten Gründen für berechtigt und meine Verhaftung für ungesetzlich halte“.

1. War es richtig, daß der Amtsrichter sich mit der Erklärung des C begnügte und von weiteren Maßnahmen gegen denselben Umgang nahm?

2. Waren die einzelnen Einwände des D gegen seine zeugschaftliche Vernehmung begründet?

3. Wie ist unter der Annahme, daß die Einwände nicht begründet waren, die Haftbeschwerde zu entscheiden?

II. In einer öffentlichen Versammlung wurde der Agent E von dem Kaufmann F vor allen Anwesenden ein „gemeingefährlicher Schwindler“ genannt. E stellte daher Beleidigungsklage gegen F, und durch schöffengerichtliches Urteil wurde auch F der Beleidigung des E für schuldig erkannt, jedoch mit Rücksicht auf die immerhin für E sehr kompromittierenden Ergebnisse der Hauptverhandlung nur zu der gesetzlich niedrigsten Geldstrafe von 3 ℳ verurteilt. Zugleich wurde dem E die Befugnis zugesprochen, innerhalb einer bestimmten Frist die Verurteilung auf Kosten des F in dem am Gerichtssitz erscheinenden „Anzeiger" öffentlich bekannt zu machen. E ließ nun zwar den Schuldausspruch, nicht aber auch die erkannte Strafe in der erwähnten täglich erscheinenden Zeitung veröffentlichen, weshalb F, welcher in der Geringfügigkeit der Strafe eine Genugthuung für sich und eine moralische Verurteilung des E erblickte, an den verantwortlichen Redakteur das Verlangen stellte, auch den Strafausspruch in seinem Blatte bekannt zu machen. Obwohl sich jedoch F hiebei ausdrücklich zur Zahlung der Inserationsgebühr erbot, weigerte sich dennoch der Redakteur, dem Wunsche des F nachzukommen.

Hat F ein Recht darauf, daß nach Veröffentlichung des Schuldausspruches in dem „Anzeiger" auch die Strafe daselbst bekannt gegeben werde, und angenommen, er habe dieses Recht, wie kann er etwa demselben Geltung verschaffen?

Die Beantwortung der Fragen ist zu begründen.

II. Aufgabe

aus dem Strafprozeß.

1. Nach der bei dem bayrischen Amtsgericht Z für das Jahr 1889 getroffenen, auch an der Gerichtstafel und im Amtsblatte bekannt gemachten Geschäftsverteilung ist der Vorsitz bei den schöffengerichtlichen Verhandlungen gegen Angeklagte, deren Familiennamen mit den Buchstaben A bis L beginnen, dem Amtsrichter O, gegen Angeklagte, deren Familiennamen mit den Buchstaben M bis Z beginnen, dem Amtsrichter P übertragen. Taglöhner Johann Huber von Z, wegen einer Übertretung als Angeklagter in die Sitzung des Schöffengerichts unter dem Vorsitze des Amtsrichters O geladen, erhebt sofort beim Aufruf der Sache den Einwand der Unzuständigkeit, weil der Name Huber, den er von Kindheit an

nach seinem Pflegevater Huber führe, nicht sein richtiger Name sei, nach seiner außerehelichen Mutter vielmehr ihm der Familiennamen Müller gebühre. Der Amtsanwalt macht demgegenüber geltend, daß, nachdem der Angeklagte thatsächlich den Namen Huber führe und über die Identität der Person kein Zweifel bestehe, dem Schöffengerichte nicht zugemutet werden könne, über die Berechtigung des Angeklagten zur Führung jenes Namens Erhebungen anzustellen.

Wie hat das Schöffengericht auf den Einwand des Angeklagten zu entscheiden?

(Die Beantwortung der Frage ist zu begründen).

2. Am 15. November 1889 wurde bei der Gendarmerie in N, Sitz eines Amts- und eines Landgerichts, Anzeige erstattet, daß im Pfarrhof daselbst zwischen 12 und 1 Uhr mittags aus dem im I. Stock befindlichen unversperrten Arbeitszimmer des Pfarrers F eine auf dem Schreibtisch gelegene Geldsumme von 24 ℳ, aus verschiedenen Münzsorten bestehend und Eigentum des Pfarrers, abhanden gekommen sei. Des Diebstahls verdächtig erschienen die Schreinergesellen I und K von N, welche am genannten Tage im Pfarrhofe mit Schreinerarbeiten beschäftiget waren. Gegen dieselben wurde auch von dem Amtsrichter das Hauptverfahren wegen Vergehens des Diebstahls vor dem Schöffengericht eröffnet. In der Hauptverhandlung vom 6. Dezember 1889 (anwesend: Amtsrichter A, Schöffen B und C, Amtsanwalt D, Gerichtsschreiber E) ergab sich aus den Erklärungen der Angeklagten und den Aussagen der Zeugen Pfarrer F, Dienstmagd G und Schreinermeister H, daß die Annahme, es habe die entwendete Summe nur 24 ℳ betragen und es sei das Arbeitszimmer unversperrt gewesen, auf Irrtum beruhte, die entwendete Summe vielmehr sich mindestens auf 30 ℳ belief und der Diebstahl durch Öffnung der Zimmerthüre mittels eines falschen Schlüssels bewirkt wurde, daß ferner nicht K, sondern der Schreinergeselle L von N, welcher den K während der Mittagszeit bei der Arbeit abgelöst hatte, gemeinschaftlich mit I den Diebstahl ausführte. Der Amtsanwalt

beantragte daher nach durchgeführter Verhandlung, das dem Ergebnisse der letzteren Entsprechende zu verfügen.

Es ist der Beschluß des Schöffengerichts, welches auch die Verhaftung des I wegen Fluchtgefahr für geboten hält, zu entwerfen. Soweit etwa die Erlassung eines Urteils für veranlaßt erachtet wird, ist dies unter Anführung der Gründe zu bemerken.

3. Am 1. Juli 1889 fiel in dem allgemein zugänglichen Hofe des Anwesens des Bauern R zu X — Amtgerichts und Landgerichts Z — eines von mehreren dort spielenden Kindern in eine regelmäßig zugedeckte, an jenem Tage aber aus Versehen des R unverdeckt gebliebene, mit Wasser gefüllte Grube und ertrank, ohne daß hiewegen, abgesehen von der Fahrlässigkeit des R, Jemanden ein Vorwurf traf. Es wurde daher durch Beschluß des Landgerichts Z vom 1. August gegen R wegen einer Übertretung nach § 367 Ziff. 12 und wegen sachlich hiemit zusammentreffenden Vergehens der fahrlässigen Tötung nach § 222 des St.-G.-B. das Hauptverfahren vor dem Landgerichte Z eröffnet, und R auch am 31. August wegen der Übertretung zu 20 ℳ Geldstrafe, wegen des Vergehens zu 14 Tagen Gefängnis verurteilt. Das Gericht wußte hiebei nicht, daß R wegen der Übertretung bereits durch rechtskräftig gewordenen Strafbefehl des Amtsgerichts Z vom 15. Juli, zugestellt am 20. Juli, zu 20 ℳ Geldstrafe verurteilt worden war.

1. Konnte R, welcher es übersehen hatte, bei der Hauptverhandlung vor dem Landgerichte von seiner bereits erfolgten Verurteilung Mitteilung zu machen, gegen das landgerichtliche Urteil mit Aussicht auf Erfolg Revision einlegen?

2. Konnte R, wenn das landgerichtliche Urteil infolge Nichteinlegung der Revision rechtskräftig wurde, mit Aussicht auf Erfolg Wiederaufnahme des Verfahrens beantragen?

3. Wie hätte das Landgericht zu entscheiden gehabt, wenn R bei der Hauptverhandlung den Nachweis seiner bereits erfolgten Verurteilung erbracht hätte, und zwar unter

der Voraussetzung, daß das Gericht zwischen der Übertretung und dem Vergehen

a) sachliche Konkurrenz,

b) nur begriffliche Konkurrenz annahm?

(Die Beantwortung der Fragen ist zu begründen).

Praktischer Fall
aus dem Justizfache.

Die Kandidaten haben die auf Grund der mündlichen Verhandlung vom 30. November 1889 zu erlassende landgerichtliche Entscheidung nach Maßgabe der in der Zivilprozeßordnung enthaltenen Vorschriften auszuarbeiten; die Darstellung des Thatbestandes kann unterbleiben. In den Entscheidungsgründen sind die sämtlichen in den mündlichen Vorträgen geltend gemachten rechtlichen Gesichtspunkte zu würdigen.

Neben den Reichsgesetzen ist das Gemeine Recht mit den für das ganze Gebiet desselben in Bayern geltenden Landesgesetzen anzuwenden.

Der zur Rechtsanwaltschaft bei dem Königlichen Landgerichte Kronburg zugelassene Rechtsanwalt Bergmann dortselbst erhob als Bevollmächtigter des Bierbrauers Georg Braun in Kronburg gegen die Bauunternehmerswitwe Emma Steiner ebendaselbst eine an das Königliche Landgericht Kronburg gerichtete Klage.

Auf Einreichung der Klageschrift bei der Gerichtsschreiberei des Prozeßgerichts wurde zur mündlichen Verhandlung des Rechtsstreits Termin auf den 30. November 1889 vormittags neun Uhr vor der ersten Zivilkammer des Landgerichts bestimmt.

Die Beklagte, der die Klageschrift am 21. Oktober 1889 zugestellt wurde, bestellte als Prozeßbevollmächtigten den zur Rechtsanwaltschaft bei dem Prozeßgerichte zugelassenen Rechtsanwalt Winter.

Am 11. November 1889 ließ der zur Rechtsanwaltschaft bei dem Prozeßgerichte zugelassene Rechtsanwalt Dr. Kurz als Bevollmächtigter des Theaterdirektors Max Dorner in Kronburg den Anwälten der Parteien einen Schriftsatz zustellen, in dem er unter Angabe des rechtlichen Interesses des Max Dorner an dem Obsiegen der Beklagten erklärte, daß derselbe der letzteren beitrete.

Die Anwälte der Parteien und des Intervenienten wechselten die erforderlichen vorbereitenden Schriftsätze.

Die erste Zivilkammer des Prozeßgerichts war in der zur mündlichen Verhandlung des Rechtsstreits bestimmten Sitzung mit folgenden Richtern besetzt: Landgerichtspräsident Albrecht, Landgerichtsräte Falk und Helwig. Als Gerichtsschreiber leistete Dienst der Rechtspraktikant Kraus.

Bei dem Aufrufe der Sache waren die Rechtsanwälte Bergmann, Winter und Dr. Kurz erschienen. Der Vorsitzende eröffnete die mündliche Verhandlung. Es verlas hierauf der Rechtsanwalt Bergmann aus der Klageschrift folgenden Antrag:

„Das Königliche Landgericht wolle erkennen, die Beklagte sei schuldig:

1. eine vierprozentige bayerische Staatsobligation zum Nennwerte von 500 ℳ,
2. das in ihrem Besitze befindliche Inventar des ehemaligen Volkstheaters,
3. die von dem Theaterdirektor Max Dorner ihr bestellte, aus dreieinhalbprozentigen Pfandbriefen der Bayerischen Hypotheken- und Wechselbank im Nennwerte von 2000 ℳ bestehende Kaution an den Kläger herauszugeben und die Kosten des Rechtsstreites zu tragen“;

der Rechtsanwalt Winter aus der Klagebeantwortungsschrift den Antrag:

„Das Königliche Landgericht wolle die Klage abweisen und dem Kläger die Kosten auferlegen“.

Der Rechtsanwalt Dr. Kurz erklärte, daß er zunächst

keinen selbständigen Antrag stelle, sondern sich lediglich dem Antrage des Anwalts der Beklagten anschließe.

Der Vorsitzende erteilte nun das Wort dem Rechtsanwalte Bergmann. Dieser trug folgendes vor.

„Der Bierbrauereibesitzer Braun lieferte vom 1. Oktober 1880 an den damaligen Pächter der Restauration des hiesigen Volkstheaters, Johann Weber, das für den Betrieb der Theaterrestauration erforderliche Bier. Von dem Kaufpreise des in der Zeit vom 1. Oktober 1880 bis zum 31. Dezember 1883 bezogenen Bieres blieb Weber den Betrag von achthundert Mark schuldig. Hinsichtlich dieser — zum Teile schon früher, in ihrem Gesamtbetrage aber jedenfalls am 31. Dezember 1883 fällig gewordenen — Schuld nebst 5 % Zinsen daraus vom 1. Januar 1884 an erwirkte Georg Braun einen Zahlungsbefehl des hiesigen Amtsgerichts gegen Johann Weber, der diesem am 13. Januar 1887 zugestellt und am 30. desselben Monats für vollstreckbar erklärt wurde.

Als der Restaurationswirt Weber kurz vor dem 1. Oktbr. 1880 mit dem Bierbrauereibesitzer Braun den Vertrag wegen Lieferung des für den Betrieb der Theaterrestauration erforderlichen Bieres schloß, bestellte er demselben für die Bezahlung der Bierlieferungen Sicherheit dadurch, daß er erklärte, zur Deckung allenfallsiger Rückstände des Kaufpreises könne sich Braun an das ihm gehörige, als Kaution in den Händen des Verpächters der Restauration, des Theaterdirektors Dorner, befindliche Wertpapier halten. Zur Bekräftigung dessen übergab er dem Georg Braun die von dem Verpächter über den Empfang der Kaution ihm ausgestellte Urkunde, die folgendermaßen lautet:

„Ich bekenne hiemit, von Herrn Johann Weber als Kaution für die Erfüllung des heute von mir mit ihm abgeschlossenen, am 1. Oktober 1880 in Wirksamkeit tretenden Pachtvertrags eine auf den Inhaber lautende vierprozentige bayerische Staatseisenbahn-Anlehensobligation zu 500 ℳ empfangen zu haben.

Kronburg, 1. Sept. 1880. Max Dorner, Theaterdirektor.“

Auf Grund des für vollstreckbar erklärten Zahlungsbefehls erwirkte Braun die Pfändung „der dem Johann Weber gegen den Theaterdirektor Max Dorner zustehenden Forderung auf Zurückgabe der dem letzteren bestellten Kaution von 500 ℳ“ und die Überweisung derselben zur Einziehung.

Der Pfändungs- und Überweisungsbeschluß des Amtsgerichts vom 20. August 1887 ist dem Max Dorner als Drittschuldner am 23. desselben Monats und mit einer Abschrift der Zustellungsurkunde am 24. desselben Monats dem Schuldner Weber zugestellt worden.

Der erstere wäre hienach, zumal das Pachtverhältnis zwischen ihm und dem Restaurateur Weber seit dem im November v. Js. eingetretenen Tode des letzteren gelöst ist, schuldig, das Wertpapier an den Kläger herauszugeben. Etwaige aus dem Pachtverhältnisse herrührende Ansprüche desselben gegen den früheren Pächter würden ihn nicht berechtigen können, die Herausgabe zu verweigern, weil er für die den Gegenstand des Vollstreckungsbefehls bildende Schuld zugleich persönlich haftet.

Abgesehen davon, daß sich Max Dorner — worauf ich später zurückkommen werde — für die Zahlung der Schuld verbürgt hat, folgt nemlich seine persönliche Haftung aus der rechtlichen Natur des Verhältnisses, in dem er zu dem Restaurateur Weber stund. Dorner war Nutznießer des Theatergebäudes, sohin auch der darin befindlichen Restaurationsräume, und hatte, um die Restaurationswirtschaft ausüben zu können, vom hiesigen Stadtmagistrate am 10. August 1880 die gewerbspolizeiliche Erlaubnis zum Betriebe der Schankwirtschaft erhalten. Wenn er nun durch den Pachtvertrag vom 1. September 1880 die Ausübung dieses Gewerbs auf Johann Weber übertrug, der seinerseits, wie ich betone, eine behördliche Erlaubnis zum Betriebe der Schankwirtschaft nicht hatte, so kann es keinem Zweifel unterliegen, daß dieser für die Ausübung der Restaurationswirtschaft Stellvertreter des Dorner war. Aus den von dem Stellvertreter innerhalb der Grenzen der ihm übertragenen Geschäftsführung mit Dritten eingegangenen Verträgen haftet aber nach bekanntem Rechtssatze auch der Gewerbsherr.

Das den Gegenstand der gepfändeten und überwiesenen Forderung bildende Wertpapier befindet sich nicht mehr im Besitze des Drittschuldners Dorner, sondern in den Händen der Beklagten. Der Besitz der letzteren ist ein unrechtmäßiger, keinenfalls können die an denselben sich etwa knüpfenden Rechtsansprüche der Beklagten dem Rechte des Klägers Eintrag thun. Da der Gegenstand der Forderung übrigens eine vertretbare Sache ist, geht das Interesse des Klägers, sohin auch der Anspruch, den er gegen die Beklagte erhebt, nicht weiter, als daß diese ihm eine vierprozentige bayerische Staatsobligation im Nennwerte von fünfhundert Mark verabfolge.

Außer den im Eingange meines Vortrages erwähnten achthundert Mark schuldete der Restaurateur Weber dem Kläger zweitausend Mark nebst 4% Zinsen daraus vom 1. Oktober 1887 an. Der Kläger hat ihm zur Anschaffung der für den Betrieb gepachteten Restauration erforderlichen Wirtschaftsgeräte am 1. Oktober 1880 ein Darlehen genannten Betrages gegeben, das zu vier vom hundert zu verzinsen war. Die Zinsen hat Weber für die Zeit bis zum 1. Oktober 1887 bezahlt, etwas weiteres aber war und ist nicht zu erlangen, da der — abgesehen von dem Kautionskapital zu fünfhundert Mark — nur aus dem abgenützten Wirtschaftsinventare bestehende Nachlaß Weber's durch die Bezahlung der Krankheits- und Beerdigungskosten aufgebraucht worden ist.

Auch für diese Schuld haftet dem Kläger der Theaterdirektor Dorner und zwar als Bürge. Der Kläger hatte dem Restaurateur Weber im März 1885 erklärt, zur Klagestellung gegen ihn schreiten zu müssen, soferne er nicht in der Lage sei, hinsichtlich seiner durch die Verpfändung der Kaution von fünfhundert Mark nur teilweise gedeckten Bierschuld und zugleich hinsichtlich seiner Darlehensschuld weitere Sicherheit, etwa durch Bürgschaftsleistung, zu beschaffen. Hierauf empfing der Kläger am 1. April 1885 einen Brief des Theaterdirektors Dorner vom nämlichen Tage folgenden Inhalts:

„Ich ersuche Sie, den Restaurateur Weber wegen Zahlung seiner Schuld von 2800 Mark nicht zu drängen. Ich stehe für dieselbe ein mit dem mir gehörigen Inventare des Theaters und mit der der Besitzerin des letzteren bestellten Kaution von 2000 Mark. Beides bietet Ihnen vollste Sicherheit, da ich meinen Verpflichtungen gegen Frau Steiner stets pünktlich nachkomme. Eine Vorenthaltung des Inventars oder der Kaution seitens der Genannten bei Ablauf meines Vertrags brauchen Sie deshalb nicht zu besorgen."

Enthielt diese Erklärung auch nur eine beschränkte Bürgschaftsleistung, so beruhigte sich der Kläger doch bei derselben, weil sie ihm ein unmittelbares Recht an bestimmten Vermögensbestandteilen des Bürgen gewährte, das Recht, die vom Hauptschuldner nicht zu erlangende Befriedigung sich aus den vom Bürgen ihm angewiesenen Vermögenswerten zu verschaffen. Dieses Recht des Klägers ist von der Beklagten ausdrücklich anerkannt worden, indem sie, als der Kläger ihr am 2. April 1885 die Erklärung Dorner's vorlegte, ihm die Zusicherung gab, sie wolle dessen Kaution, die jetzt auch dem Kläger hafte, unbeschadet ihres Vorzugsrechtes auch für den Kläger verwahren. Selbstverständlich erfordert die Ausübung des Rechts des Klägers den Besitz der ihm bezeichneten Befriedigungsmittel. Inhaberin derselben ist die Beklagte. Sie weigert sich, dieselben dem Kläger herauszugeben. Daß die Gründe ihrer Weigerung unstichhaltig sind, wird die weitere Verhandlung ergeben. Ich bitte, sie der Klagsbitte gemäß zu verurteilen.

Der Vorsitzende erklärte hierauf, er sehe sich veranlaßt, nunmehr das Wort zunächst dem Rechtsanwalte Dr. Kurz zu erteilen, weil es der Feststellung des Sachverhältnisses förderlich sein werde, vor weiteren Erörterungen Aufklärung darüber zu erhalten, in welchem Rechtsverhältnisse der Theaterdirektor Dorner einerseits zu der Beklagten, andererseits zu dem Restaurateur Weber stund. Da hiegegen von keiner Seite eine Erinnerung erhoben wurde, nahm der Rechtsanwalt Dr. Kurz das Wort. Derselbe trug folgendes vor:

Das zu Beginn des laufenden Jahres zum Zwecke der Erweiterung des Bahnhofs im Enteignungsverfahren an den Staat abgetretene, auch schon abgebrochene „Volkstheater“ ging seiner Zeit aus dem Nachlasse des Bauunternehmers Steiner in das Eigentum der von diesem hinterlassenen minderjährigen Kinder über. Der Witwe Emma Steiner fiel kraft letztwilliger Verfügung ihres Mannes das Recht der Nutznießung auf Lebenszeit zu. Dieses Recht veräußerte sie an den Theaterdirektor Dorner durch einen privatschriftlich aufgezeichneten Vertrag vom 1. Juni 1880, dessen wesentlicher Inhalt folgendermaßen lautet:

§ 1. Emma Steiner überläßt das in ihrer lebenslänglichen Nutznießung stehende Theatergebäude an Max Dorner zunächst für die Dauer von zehn Jahren vom 1. Oktober 1880 an.

§ 2. Max Dorner zahlt als Entgelt jährlich sechstausend Mark an Emma Steiner in monatlichen Teilbeträgen von fünfhundert Mark und leistet für die Erfüllung dieser Verbindlichkeit Sicherheit dadurch, daß er

1. zweitausend Mark bar oder in sicheren Wertpapieren bei der hiesigen Kreditbank hinterlegt und den Hinterlegungsschein der Emma Steiner übergibt;

3. das von ihm bei der Übernahme des Theaters in dasselbe einzubringende Inventar (Garderobe, Requisiten, Bibliothek) ihr zum Pfande bestellt.

Der Inhalt der übrigen Paragraphen ist ohne Interesse für den Rechtsstreit. Dorner übernahm das Theater an dem im Vertrage vorgesehenen Zeitpunkte und händigte gleichzeitig der Frau Steiner den von der Kreditbank ihm ausgestellten Schein über die Tags zuvor erfolgte Hinterlegung von zweitausend Mark in dreieinhalbprozentigen Pfandbriefen der Bayerischen Hypotheken- und Wechselbank sowie eine Aufzeichnung des von ihm in das Theatergebäude eingebrachten Inventars ein.

Die Restaurationsräume des Theaters verpachtete Dorner zum Zwecke des Betriebs der Restauration durch Vertrag vom 1. September 1880 gegen ein in monatlichen Teilbeträgen zahlbares Pachtgeld von achthundert Mark und eine Abgabe von einer Mark von jedem zum Ausschanke gelangten Hektoliter Bier an Johann Weber, der ihm die im Vortrage des klägerischen Anwalts bezeichnete Kaution stellte. Richtig ist, daß nicht Johann Weber, sondern Max Dorner die behördliche Erlaubnis zum Betriebe der Schankwirtschaft im Theater besaß; Dorner's ursprüngliche, später aufgegebene Absicht war, die Restaurationswirtschaft selbst zu betreiben. Bestreiten muß ich dagegen die Richtigkeit der vom Vertreter des Klägers daraus gezogenen Folgerung, daß Weber rechtlich als Stellvertreter Dorner's zu betrachten sei und letzterer als „Gewerbsherr" für dessen Bierschuld hafte. Auch der sogenannten Verbürgung Dorner's für die Schuld des Weber an den Kläger legt der Vertreter des letzteren, wie ich schon jetzt bemerken will, eine ihr offenbar nicht zukommende rechtliche Bedeutung bei. Die briefliche Erklärung Dorner's vom 1. April 1885 ist auf keinen Fall geeignet, eine persönliche Haftung desselben für die Schuld Weber's zu begründen, und dazu, die vom klägerischen Vertreter, wie es scheint, angenommene, aber nicht näher charakterisierte dingliche Berechtigung des Klägers an den in dem Briefe bezeichneten Vermögensbestandteilen zu erzeugen, fehlt es an dem zur Wirksamkeit eines jeden dinglichen Vertrages unerläßlichen Erfordernisse der Besitzübertragung. Ich halte die ganze Erklärung vom 1. April 1885, so gut sie auch gemeint gewesen sein mag, für einen rechtlich völlig wirkungslosen Vorgang, woran auch die von der Beklagten bei Vorlage der Erklärung dem Kläger gegebene Zusicherung nichts zu ändern vermochte.

Um auf das Thatsächliche zurückzukommen, bemerke ich weiter folgendes: Als das Rechtsverhältnis zwischen Frau Steiner und dem Theaterdirektor Dorner einige Jahre lang bestund, erweckten Vorkommnisse, die hier näher zu erörtern nicht veranlaßt ist, in der ersteren die Besorgnis, die bei dem Abschlusse des Vertrags vom 1. Juni 1880 erfolgte Verpfändung des Theaterinventars möchte nicht geeignet sein, ihr die wünschenswerte Sicherung zu gewähren. Dieses Bedenken glauben die Beteiligten nur dadurch heben zu können, daß — unabbrüchig der soeben erwähnten Verpfändung — das Inventar als Zugehörung des Theatergebäudes erklärt würde. Dies geschah und zwar in der Weise, daß der Vormund der Steiner'schen Kinder in Anwesenheit und mit ausdrücklicher Zustimmung Dorners am 15. Januar 1885 von dem hiesigen Notar Ritter den Antrag beurkunden ließ, das von Dorner in das Theater eingebrachte und seitdem durch Nachschaffungen ergänzte, in einer Beilage der Urkunde verzeichnete Inventar als Zugehörung des Theatergebäudes in das Hypothekenbuch einzutragen. Die Eintragung erfolgte am 16. Januar 1885. Gleichzeitig verpflichtete sich Emma Steiner durch eine am 15. Januar dem Max Dorner schriftlich gegebene Erklärung, nach seinerzeitiger Lösung des zwischen ihr und Dorner bestehenden Vertragsverhältnisses und Erfüllung aller aus demselben entstandenen Verbindlichkeiten des letzteren die Löschung jenes Eintrags im Hypothekenbuche herbeizuführen. Bis zur Stunde ist die Löschung noch nicht erfolgt; das Vertragsverhältnis aber ist durch den am 1. Januar l. Js. erfolgten Uebergang des Theatergebäudes in das Eigentum des Staates und die mit Wirksamkeit vom nämlichen Tage an erfolgte Ablösung des auf dem Gebäude ruhenden Nutznießungsrechtes erloschen.

Was nun die in der Klage erhobenen Ansprüche betrifft, so würde Max Dorner nichts dagegen zu erinnern haben, daß das Kautionskapital von fünfhundert Mark dem Kläger zum Behufe seiner teilweisen Befriedigung zur Verfügung gestellt würde. Er ist indes nicht in der Lage dies zu bewirken, weil Frau Steiner, die derzeitige Inhaberin desselben, bessere Rechte daran zu haben behauptet. In der Erörterung dieses Punktes will ich jedoch dem Anwalte der Beklagten nicht vorgreifen. Die anderen beiden Klagsansprüche, die sich lediglich auf die von mir schon beleuchtete briefliche Erklärung vom 1. April 1885 gründen, eignen sich ohne Zweifel zur Abweisung."

Der Vorsitzende erteilte hierauf das Wort dem Rechtsanwalte Winter. Dieser trug folgendes vor:

Ich protestiere vor allem gegen die von dem Vertreter des Intervenienten erklärten Anerkennung des ersten Klagsanspruchs und verwahre die Beklagte gegen eine ihr etwa ungünstige Wirkung dieses Anerkenntnisses, zu dem der Intervenient als solcher gar nicht befugt war. Dieser Klagsanspruch ist schon an sich unbegründet, ganz abgesehen zunächst von dem jedenfalls besseren Rechte der Beklagten.

Zur Zeit der Erwirkung des amtsrichterlichen Zahlungsbefehls war die Forderung von achthundert Mark schon durch Verjährung erloschen. Daß weder der Schuldner Weber noch der Drittschuldner Dorner die Einrede der Verjährung geltend gemacht, noch das Gericht den Eintritt der letzteren von Amtswegen berücksichtigt hat, schließt die Berechtigung der Beklagten, sich darauf zu berufen, nicht aus, weil nun sie in der Rolle des Drittschuldners steht und diesem der Verzicht des Hauptschuldners auf Einreden nicht schaden kann. Der Klagsanspruch ist übrigens auch deshalb an sich nicht begründet, weil Pfändung und Ueberweisung der seinen Inhalt bildenden Forderung unwirksam sind. Das Amtsgericht hat nämlich in dem Pfändungsbeschlusse vom 20. August 1887 zwar „dem Drittschuldner Dorner verboten, an Johann Weber zu zahlen“, und „an letzteren das Gebot erlassen, sich jeder Verfügung über die Forderung zu enthalten“. Dagegen enthält der Pfändungsbeschluß weder die Aufforderung an den Drittschuldner, sich über den Bestand der Forderung zu erklären, noch die Anordnung, daß der Gegenstand der gepfändeten Forderung an einen vom Gläubiger zu beauftragenden Gerichtsvollzieher herauszugeben sei, er leidet sohin an dem Mangel wesentlicher gesetzlicher Erfordernisse. Der Beklagten ist er überhaupt nicht zugestellt worden.

Selbst wenn übrigens diese Bemängelungen des Klagsanspruchs nicht zutreffend wären, würde derselbe der Beklagten gegenüber deshalb nicht begründet sein, weil sie selbst ein Faustpfandrecht an dem Wertpapiere hat. Als der Theaterdirektor Dorner am 1. Mai 1887 die für den Monat April fällige Zahlung von fünfhundert Mark an Frau Steiner leistete, teilte er dieser mit, die Ausstattung einiger Neuigkeiten, die er in der kommenden Winterspielzeit zur Aufführung bringen wolle, werde ihm im Laufe der nächsten Monate besondere Auslagen veranlassen. Er bitte deshalb um die Erlaubnis, je nach Eintritt des Bedarfs die in den nächsten drei, höchstens vier Monaten fällig werdenden Zahlungen als Darlehen behalten zu dürfen, das er mit 5% verzinsen und zu Ostern des nächsten Jahres bezahlen werde. Frau Steiner war hiemit einverstanden unter der Voraussetzung, daß Dorner ihr für die so gestundeten Beträge neben den bisherigen Pfändern, an welchen sie sich selbstverständlich ihre Rechte vorbehalte, noch besondere Sicherheit leiste. Dorner versprach dies zu thun, soweit es ihm möglich sein werde, und händigte am folgenden Tage der Frau Steiner eine vierprozentige bayerische Staatsobligation über fünfhundert Mark ein, womit sich diese begnügte. Von der ihm erteilten Erlaubnis Gebrauch machend, unterließ sodann Dorner die Zahlung der für die Monate Juni, Juli und August 1887 fälligen Beträge von insgesamt eintausendfünfhundert Mark. Die hieraus erwachsene Schuld Dorners besteht noch jetzt, ebenso selbstverständlich das zur Sicherung derselben am 2. Mai 1887 bestellte Pfandrecht. Der eben geschilderte Vorgang — nur mit dem Unterschiede, daß eine besondere Sicherheitsleistung weder gefordert noch vollzogen wurde — wiederholte sich im folgenden Jahre hinsichtlich der für die Monate Mai, Juni und Juli fälligen Beträge; ich werde hierauf später zurückkommen. Das Pfandrecht der Beklagten geht hienach und zwar aus doppeltem Grunde: als ein mit dem Besitze des Pfandes verbundenes und als das ältere, dem vermeintlichen Pfändungspfandrechte des Klägers vor.

Nicht besser steht es um die weiteren Klagsansprüche. Schon der Vorredner hat die rechtliche Unwirksamkeit der ihre Grundlage bildenden Erklärung vom 1. April 1885 dargethan. Ich schließe mich seiner Auffassung an, bestreite übrigens die Rechtswirksamkeit der Erklärung auch noch aus anderen Gründen.

Schon vor dem 1. April 1885 war die Eigenschaft des Theaterinventars als Zugehörung des Gebäudes in das Hypothekenbuch eingetragen. Durch diesen Eintrag war dasselbe einerseits jeder weiteren Verfügung Dorners entzogen; solche stund seitdem nur den als Eigentümer des Gebäudes im Hypothekenbuche eingetragenen Personen zu. Andererseits hatte dasselbe durch den Eintrag die Eigenschaft einer unbeweglichen Sache erhalten, es war Bestandteil des Gebäudes geworden. Dingliche Rechte an demselben konnten daher nur durch ein notariell beurkundetes Rechtsgeschäft und durch Eintrag im Hypothekenbuche zur Entstehung gelangen, und es konnte überhaupt nicht für sich allein, sondern nur zugleich mit dem Gebäude Gegenstand eines dinglichen Rechtes werden.

Was sodann die, wie es in dem Briefe vom 1. April 1885 heißt, „der Besitzerin des Theaters bestellte Kaution von zweitausend Mark" betrifft, so brauche ich nur darauf aufmerksam zu machen, daß sich die Kaution ja gar nicht in den Händen der Beklagten befindet, sondern bei der Kreditbank hinterlegt ist. Ich könnte hienach der Erklärung vom 1. April 1885 äußersten Falls nur die Bedeutung zuerkennen, daß sie eine bedingte Abtretung der dem Max Dorner gegen die genannte Bank zustehenden Forderung auf Zurückgabe der dort hinterlegten Papiere enthalte. Bedingt wäre die Abtretung einerseits dadurch, daß der Hauptschuldner Weber nicht selbst Zahlung leistet — (daß diese Bedingung erfüllt ist, will ich nicht bestreiten) —; andererseits dadurch, daß nicht die Beklagte, welche sich ihr Vorzugsrecht dem Kläger gegenüber am 2. April 1885 ausdrücklich vorbehalten hat, Anspruch auf die Kaution zu erheben hat und erhebt. Ist diese Auffassung richtig, so leuchtet ein, daß der Kläger — freilich erst wenn auch die zweite Bedingung erfüllt sein wird — höchstens gegen die Kreditbank, nimmermehr aber gegen die Beklagte mit einem Anspruche hervortreten kann. Wie ich schon erwähnt habe, schuldet der Theaterdirektor

Dorner der Beklagten dreitausend Mark an gestundeten in Darlehen umgewandelten Monatszahlungen nebst den vereinbarten 5%igen Zinsen. Hievon sind nur fünfhundert Mark durch das ihr von Dorner am 2. Mai 1887 bestellte Pfandrecht gesichert. Würde wider Erwarten der erste Klagsanspruch für begründet erachtet werden, so würde für den Umfang, in welchem die Beklagte berechtigt ist, von der in dem Vertrage vom 1. Juni 1880 durch die Bestellung der Kaution von zweitausend Mark und die Verpfändung des Inventars ihr eingeräumten Sicherheit Gebrauch zu machen, der volle Betrag von dreitausend Mark nebst den Zinsen in Betracht zu kommen haben. Solang also Dorner den Betrag von zweitausendfünfhundert Mark und, wenn der eben angedeutete Fall eintreten sollte, die weiteren fünfhundert Mark nebst den Zinsen an die Beklagte nicht bezahlt haben wird, sieht sich diese nicht veranlaßt, die sowohl auf grund des Vertrags als vermöge des Besitzes ihr zustehenden Rechte an der Kaution und dem Inventare aufzugeben und den Hinterlegungsschein der Kreditbank oder das Inventar an irgend jemand zu verabfolgen. Das Inventar ist, als das Theatergebäude zum Zwecke der Uebergabe desselben an den Staat geräumt werden mußte, im Laufe der letzten Tage des vergangenen Jahres auf Anordnung der Beklagten und mit Zustimmung Dorners in einem unter dem Verschlusse der ersteren stehenden Raume ihres Wohnhauses untergebracht worden.

Ich glaube hienach, den von mir gestellten Antrag mit gutem Grunde wiederholen zu können, kann mich übrigens nicht enthalten, zum Schlusse an den Vertreter des Klägers die Frage zu stellen, warum er denn nicht, wenn er glaubt, daß Max Dorner für die Schuld Webers ihm haftet, ein vollstreckbares Urteil gegen den ersteren erwirkt und auf grund desselben dann zur Pfändung des Inventars und der Kautionspapiere schreitet.

Zur Entgegnung erhielt hierauf das Wort der Rechtsanwalt Bergmann. Dieser äußerte sich folgendermaßen:

„Das von dem Vertreter Dorners erklärte Anerkenntnis

des die Kaution von fünfhundert Mark betreffenden Klagsanspruchs muß die Beklagte selbstverständlich auch gegen sich selbst gelten lassen, denn dasselbe bezieht sich auf Verhältnisse, welche ausschließlich der Rechtssphäre Dorner's angehören und seiner freien Disposition unterworfen sind. Da sie den Besitz des Wertpapieres von Max Dorner ableitet, kann sie — abgesehen von der Frage des ihr daran angeblich bestellten Faustpfandrechts, von dem ich später sprechen werde — doch nicht mehr Recht auf dasselbe haben als Dorner sich zuschreibt. Das Anerkenntnis des letzteren würde mich demnach eigentlich der Notwendigkeit überheben auf die Bemängelungen dieses Klagsanspruches weiter einzugehen. Nur zum Überflusse bemerke ich in dieser Beziehung folgendes: Die Behauptung, daß die Forderung des Klägers zu achthundert Mark durch Verjährung erloschen sei, ist unrichtig, denn durch die am 1. April 1885 erfolgte Bestellung eines Bürgen für dieselbe ist die Verjährung unterbrochen worden. Übrigens ist die Beklagte gar nicht befugt, die Einrede der Verjährung zu erheben, und das Gericht hätte sie nicht supplieren dürfen. Pfändungs- und Überweisungsbeschluß entsprechen allen gesetzlichen Erfordernissen; der Anordnung insbesondere, daß der Gegenstand der gepfändeten Forderung an einen Gerichtsvollzieher herauszugeben sei, bedurfte es nicht, weil es sich um Pfändung einer Geldforderung handelte. Zustellung des Gerichtsbeschlusses an die Beklagte war gleichfalls nicht erforderlich, weil der Kläger damals keine Kenntnis davon hatte, daß Dorner — rechtswidriger Weise — über das Eigentum des Weber zu seinem eigenen Vorteile verfügt hatte. Dazu kommt, daß der Gläubiger durch die Pfändung ein Pfandrecht an dem Gegenstande der Pfändung erwirbt, und daß die Eigenschaft der Dinglichkeit des Pfandrechts auch dann besteht, wenn nicht eine körperliche Sache, sondern ein Recht, eine Forderung gepfändet ist. Vermöge der Dinglichkeit aber kann der Gläubiger sein Recht gegen jeden verfolgen, der ihn durch Vorenthaltung des Gegenstandes der gepfändeten Forderung an der Ausübung seines Pfandrechts hindert.

Was übrigens, um dies sogleich jetzt zu erledigen, jene Verfügung Dorner's betrifft, so kann es nicht zweifelhaft sein, daß sie — wenigstens dem Kläger gegenüber — rechtsunwirksam ist. Eine Weiterverpfändung des Wertpapiers hätte nur mit Einwilligung des Eigentümers und ursprünglichen Verpfänders gültig erfolgen können. Dorner hatte an demselben nur ein Pfandrecht, er konnte daher äußersten Falls ein Pfandrecht am Pfandrecht bestellen. Auch hievon kann übrigens schon deshalb keine Rede sein, weil ein Pfandrecht nur in Verbindung mit der durch dasselbe gesicherten Forderung verpfändet werden kann, und bis jetzt nichts davon verlautet hat, daß Dorner etwa eine auf grund des Pachtvertrages vom 1. September 1880 ihm zustehende Forderung gegen Weber der Beklagten verpfändet habe.

Übrigens hat der Kläger, was ich hiemit eventuell geltend gemacht haben will, schon durch die von dem Restaurateur Weber bei dem Abschlusse des Bierlieferungsvertrags ihm gegenüber abgegebene Erklärung ein den Klagsanspruch begründendes Recht auf die von Weber dem Dorner bestellte Kaution erworben. Durch diese Erklärung hat Weber für den Fall, daß er seine Verbindlichkeiten gegen den Kläger nicht erfüllen würde, diesem seinen Anspruch gegen Dorner auf Rückgabe der Kaution abgetreten. Eine solche bedingte Abtretung einer Forderung ist aber gleichbedeutend mit Verpfändung derselben und hat alle rechtlichen Wirkungen der letzteren.

Daß Max Dorner für die Forderung des Klägers zu achthundert Mark als Gewerbsherr des Weber haftet, halte ich aufrecht. Zu dem ich meinem ersten Vortrage hiefür geltend gemachten Grunde kommen noch weitere Gründe: Dorner hatte in dem Pachtvertage vom 1. September 1880 den Pächter Weber verpflichtet, das ihm nötige Bier ausschließlich vom Kläger zu beziehen; Dorner war an dem Gewinne aus dem Betriebe der Schankwirtschaft unmittelbar beteiligt, da er außer dem Pachtgeld eine nach dem Umfange des Bierausschanks sich bemessende Abgabe bezog; Dorner war es endlich, der die Gewerbsteuer von dem in den Restaurationsräumen des Theaters stattfindenden Betriebe der Speise-, Wein- und Bierwirtschaft bezahlte.

Noch weniger war angesichts des Inhalts der von Dorner am 1. April 1885 dem Kläger brieflich abgegebenen Erklärung zu erwarten, daß der Anwalt des ersteren dessen persönliche Haftung für die Gesamtschuld Weber's an den Kläger in Abrede stellen werde. Da es nun gleichwohl geschehen ist, sieht sich der Kläger genötigt, durch Erweiterung des Klagsantrags die Feststellung dieses Rechtsverhältnisses und zwar sowohl in der Richtung gegen die Beklagte als insbesondere auch in der Richtung gegen den Theaterdirektor Dorner zu beantragen. Ich stelle demgemäß folgenden weiteren Antrag:

„Das Gericht wolle feststellen, daß für die Schuld des Restaurateurs Johann Weber an den Bierbrauereibesitzer Georg Braun im Betrage von zweitausendachthundert Mark nebst 5% Zinsen aus 800 Mark vom 1. Januar 1884 an und 4% Zinsen aus 2000 Mark vom 1. Oktober 1887 an der Theaterdirektor Max Dorner persönlich hafte."

Rechtsanwalt Bergmann übergab schriftliche Fertigung dieses Antrags dem Vorsitzenden und fuhr sodann fort:

„Von Anfang an den Weg der Klage gegen Dorner zu betreten, war der Kläger nicht veranlaßt, da, wie bemerkt, nicht zu erwarten war, daß dessen Haftung bestritten werden würde. Die Pfändung der Kaution und des Inventars zu erwirken, ist ebenso unnötig als — insbesondere hinsichtlich des letzteren — vom Standpunkte des Klägers unzweckmäßig. Inhaberpapiere, die einen Börsenpreis haben, können ja bekanntlich auch durch einen Handelsmäkler zum Verkaufe gebracht werden, und bei dem Theaterinventar würde, wie es bei derartigen, mehr oder weniger abgenützten Dingen in der Regel zu gehen pflegt, eine öffentliche Versteigerung voraussichtlich nur zur Verschleuderung führen, während der Kläger

Gelegenheit hätte, dasselbe an einen ihm bekannten Kauflustigen um einen sehr anständigen Preis zu veräußern.

Die in den Jahren 1887 und 1888 von der Beklagten mit Dorner getroffenen Vereinbarungen können auf keinen Fall die Rechte beeinträchtigen, welche Kläger schon im April 1885 erworben hat. Es stand ihr frei, die Zahlungen, welche Dorner ihr rechtzeitig hätte leisten können, ihm als Darlehen zu belassen; aber für diese Darlehen kann sie ein Vorzugsrecht an dem Inventare und der Kaution nicht beanspruchen, weil Dorner sich durch die Erklärung vom 1. April 1885 dem Kläger gegenüber gebunden hat, diese Gegenstände von Ansprüchen der Beklagten frei zu erhalten, und sie selbst dem Kläger damals ihre Mitwirkung zur Verwirklichung der ihm an der Kaution eingeräumten Rechte zugesagt hat.

Richtig ist, daß die Beklagte nicht die Kautionspapiere zu zweitausend Mark selbst, sondern nur den Hinterlegungsschein besitzt. Als Besitzerin des letzteren ist sie aber in der Lage, die Papiere jeden Augenblick bei der Bank zu erheben. Der Kläger begnügt sich übrigens eventuell damit, daß die Beklagte zur Herausgabe des Hinterlegungsscheines verurteilt wird. Ich ergänze deshalb meinen Klageantrag Ziffer 3 dadurch, daß ich demselben nach dem Worte „Kaution“ die Worte „eventuell den diese Wertpapiere betreffenden Hinterlegungsschein der hiesigen Kreditbank vom 30. September 1880“ beifüge“.

Rechtsanwalt Bergmann übergab schriftliche Fertigung dieser Antragsergänzung dem Vorsitzenden und fuhr sodann weiter fort:

„Daß das Inventar als Zugehörung des Theatergebäudes in das Hypothekenbuch eingetragen ist, ist ohne Belang. Der Eintrag besteht zwar noch, aber er ist sachlich bedeutungslos, weil das Inventar von der Enteignung ausdrücklich ausgenommen war, die einzige auf dem Anwesen bestellt gewesene Hypothek aus der vom Staate geleisteten Entschädigung bezahlt und gelöscht ist, das Theatergebäude endlich nicht mehr besteht, sohin auch keine Zugehörung mehr haben kann. Übrigens ist ja die Beklagte vertragsmäßig verpflichtet, die Löschung des Eintrags herbeizuführen.

Die Bestimmung in Art. 14 des Notariatsgesetzes, auf welche der Vertreter der Beklagten wohl Bezug hat nehmen wollen, steht sohin dem Anspruche des Klägers auf das Inventar nicht im Wege, wohl aber dem vermeintlich besseren Rechte der Beklagten. Abgesehen davon, daß das Recht der Nutznießung als persönliche Dienstbarkeit unveräußerlich ist, ist der am 1. Juni 1880 zwischen Emma Steiner und Max Dorner abgeschlossene Vertrag auch deshalb nichtig, weil unter Nichtachtung der eben angeführten Bestimmung eine Notariatsurkunde über denselben nicht errichtet worden ist. Selbstverständlich kann es mir nicht in den Sinn kommen, behaupten zu wollen, daß Emma Steiner nicht gleichwohl berechtigt gewesen ist, dafür, daß Dorner das Theatergebäude zur Ausübung seines auf Erwerb gerichtigten Berufes benützte, sich eine angemessene Entschädigung von demselben bezahlen zu lassen. Aber aus jenem Vertrage als solchen konnte und kann sie einen Anspruch gegen Dorner wegen der Nichtigkeit desselben nicht ableiten. Nichtig ist daher auch die in demselben bedungene Kautionsleistung und Pfandbestellung. Aus dem gleichen Grunde ist die noch bestehende Schuld Dorner's keine Schuld aus dem Vertrage, und das Bestehen dieser Schuld kann der Beklagten nicht das Recht geben, Inventar und Kaution zurückzubehalten, weil sie nur durch ein nichtiges Rechtsgeschäft, sohin ohne Rechtsgrund in dren Besitz gelangt ist".

Zur Äußerung über die neuen Klagsanträge und zu einer etwa auf vordem noch beabsichtigten Schlußäußerung erteilte hierauf der Vorsitzende das Wort dem Rechtsanwalte Winter. Dieser erklärte:

„Sowohl die Ergänzung des Klageantrags Ziffer 3 als die Erweiterung des Klageantrags durch Erhebung einer Zustellungsklage sind unstatthafte Klageänderungen. Sachlich geben sie mir zu einer weiteren Entgegnung keinen Anlaß, da sie aus den von mir gegen die ursprünglichen Klageanträge geltend gemachten ichründen gleichfalls unbegründet sind. Im übrigen hat sich der Vorredner auf Rechtsausführungen beschränkt, die ich samt und sonders für unzutreffend halte. Ihre Würdigung kann ich ruhig dem Gerichte überlassen. Nur ein paar kurze Bemerkungen will ich noch beifügen:

Unterbrechung der Verjährung wirkt nicht gegen den Drittschuldner, dessen Stellung rechtlich der des Bürgen gleichkommt. War der Anspruch Weber's auf Rückgabe seiner Kaution von fünfhundert Mark schon bei dem Abschiede des Bierlieferungsvertrages an den Kläger abgetreten, so konnte er als eine nun ihm selbst zustehende Forderung nicht mehr Gegenstand einer gegen Weber erwirkten Pfändung sein. Die Wirkung einer Verpfändung aber konnte diese Abtretung deshalb nicht haben, weil zur Entstehung des Pfandrechts an einer Forderung nach ausdrücklicher gesetzlicher Vorschrift erforderlich ist, daß der Drittschuldner von der Verpfändung benachrichtigt ist, und nicht behauptet werden konnte, daß letzteres dem Drittschuldner Dorner gegenüber geschehen sei.

Den Mangel der Einwilligung Weber's zu der von Dorner vorgenommenen Weiterverpfändung des Wertpapiers zu rügen, ist der Kläger nicht berechtigt. Übrigens hat die Beklagte erst durch eine kurz vor der Erhebung der Klage ihr zugegangene Zuschrift des klägerischen Anwalts davon Kenntnis erhalten, daß die Obligation Eigentum des verstorbenen Restaurateurs Weber war. Sie befand sich also — und das allein ist entscheidend — zur Zeit der Erwerbung des Pfandrechts in gutem Glauben an das Eigentum des Verpfänders Dorner."

Auf die von dem Vorsitzenden an den Rechtsanwalt Dr. Kurz gerichtete Frage, ob er noch zu einer Bemerkung sich veranlaßt sehe, erklärte derselbe:

„Auch ich bestreite die Zulässigkeit der vom Kläger erhobenen Feststellungsklage, insbesondere insoweit sie gegen die von mir vertretene Partei gerichtet ist. Hinsichtlich ihrer sachlichen Unhaltbarkeit nehme ich lediglich auf meine frühere Darlegung Bezug."

Auf weitere Frage des Vorsitzenden erklärten schließlich die drei Rechtsanwälte, daß darüber, was zu dem einen der Gegenstände des Rechtsstreits bildenden Inventar gehöre, die sämtlichen Beteiligten einig seien, und daß sie im übrigen ihren Ausführungen weder in thatsächlicher noch in rechtlicher Beziehung etwas beifügen könnten und wollten.

Der Vorsitzende erklärte hierauf die Verhandlung für geschlossen und beraumte zur Verkündung der Entscheidung Termin auf den 7. Dezember nachmittags fünf Uhr an.

Das Sitzungsprotokoll wurde den Anwälten zur Durchsicht vorgelegt und von denselben genehmigt.

I. Probe-Aufgabe

aus dem Staatsrechte des deutschen Reiches und des Königreichs Bayern.

1. Der Privatier N, heimatberechtigt und wohnhaft in München, verehelichte sich im vorigen Jahre zu Paris, dem Domizil seiner Braut, unter Beobachtung der dort für die Eheschließung vorgeschriebenen Förmlichkeiten. Das distriktspolizeiliche Verehelichungszeugnis wurde erst später erholt, als N sich in München auch kirchlich trauen lassen wollte. Die Trauung wurde jedoch von dem zuständigen Pfarrer unter Berufung auf § 67 des Gesetzes vom 6. Februar 1875, die Beurkundung des Personenstandes und die Eheschließung betr., verweigert, weil die Ehe weder vor dem zuständigen deutschen Standesbeamten noch auf schriftliche Ermächtigung desselben geschlossen, die Eheschließung auch wegen Mangels des Verehelichungszeugnisses von Anfang an ungiltig gewesen sei.

Hierauf wendete sich N an den Standesbeamten von München mit dem Ersuchen um Vornahme des Eheschließungsaktes, eventuell um nachträgliche Ermächtigung des Pariser Standesbeamten zu der von diesem vollzogenen Eheschließung.

Der Standesbeamte lehnte jedoch Beides als gesetzlich unstatthaft und unnötig ab.

Es ist motiviertes Gutachten darüber abzugeben, was in

dieser Sache Rechtens ist und wie Privatier N zu seinem Ziele gelangen kann.

2. Durch die Reichsgesetzgebung ist das staatsrechtliche Verhältnis Elsaß-Lothringens zum Reiche der Stellung der Bundesstaaten zum Reiche sehr nahe gebracht worden.

1. Welches sind die noch verbliebenen wesentlichen Unterschiede?
2. Können dieselben auf dem gewöhnlichen Gesetzgebungswege beseitigt werden oder kommt hiebei auch der erste oder zweite Absatz des Art. 78 der Reichsverfassung in Betracht?

II. Probe-Aufgabe
aus dem Staatsrechte des deutschen Reiches und des Königreichs Bayern.

1. Welche Fälle sind bei Würdigung von Gesuchen um Verleihung des bayerischen Indigenats in Bezug auf die Erfordernisse der Niederlassung, des Heimaterwerbs und der Entlassung aus dem bisherigen Staatsverbande zu unterscheiden?

2. In welchen Beziehungen ist die gesetzliche Wehrpflicht seit Erlaß des Gesetzes vom 9. November 1867, betr. die Verpflichtung zum Kriegsdienste, erweitert worden?

Probe-Aufgabe
aus dem katholischen Kirchenrechte.

1. Franz Klein, Sohn eines wohlhabenden Ökonomen in Forbach, Regierungsbezirks N, hatte im Jahre 1858 nach Vollendung seiner Gymnasialstudien heimlich seine Familie und die Heimat verlassen, war in ein ausländisches Jesuitenkollegium in X eingetreten und dort nach seiner völligen Ausbildung zum Priester geweiht worden.

Im Jahre 1868 kehrte er ebenfalls heimlich, aber mit Wissen seiner Ordensobern auf kurze Zeit nach Forbach zurück und söhnte sich mit seiner Familie aus, so daß sein Vater, der Ökonom Klein, ihm als Erbteil von der inzwischen verstorbenen Mutter 7000 fl. auswies, dieses Kapital auf dem Ökonomieanwesen hypothekarisch sicherstellte und seither die Zinsen für den Sohn Franz, der als Jesuitenpater den Namen Norbert führte, regelmäßig an das Kloster in X übersandte.

Kürzlich starb Ökonom Klein, der zweite Sohn Thomas übernahm das Anwesen und schrieb an seinen Bruder Franz — den P. Norbert in X — unter Darlegung der nicht sehr günstigen Vermögenslage, er wünsche zur Verbesserung der Oekonomie ein größeres Anlehen aufzunehmen, wolle deshalb die Hypothek für Franz bereinigen und sei zu diesem Behufe bereit, 7000 fl. oder 12000 Mark herauszuzahlen, wenn Franz sich damit begnüge und die Hypothek löschen lasse.

Als Antwort kam ein Brief des Ordens-Provinzials in X, welcher unter Beilage der erforderlichen Dokumente nachwies, daß auch P. Norbert oder Franz Klein in X wenige Tage nach dem Ableben seines Vaters verschieden sei, aber schon vor vielen Jahren unmittelbar vor Ablegung der feierlichen Gelübde alle seine Ansprüche auf das elterliche Vermögen dem jeweiligen Ordens-Provinzial in X behufs der Zuwendung an den Jesuitenorden durch legale Urkunde übertragen habe. Er wolle sich aber gleichwohl mit 12000 ℳ begnügen und werde Sorge tragen, daß nach erfolgter Zahlung die fragliche Hypothek gelöscht werde.

Als sich nun Thomas Klein zur weiteren Bereinigung der Sache an den Notar in X wendete, machte ihn dieser darauf aufmerksam, daß zu diesem Geschäfte auch die Zustimmung der Staatsregierung notwendig sei, und machte hienach im Auftrage des Thomas Klein eine Eingabe an die zuständige Kreisregierung, in welcher er bat, die Regierung möge die erforderliche Erlaubnis erteilen oder erwirken.

Was hat die Kreisregierung zu thun?

2. Der auf den landesherrlichen Tischtitel geweihte Priester Venanz Oberhuber war, da er als Pfarrer auf der Patronatspfarrei Bibach sich dem Trunke ergab und seine Pflichten vernachlässigte, auf Beschwerde des Privatpatrons und der Pfarrgemeinde durch Ordinariats-Erkenntnis von der

Pfarrei Bibach entsetzt und auf mehrere Monate in ein Priesterhaus überwiesen worden. Da er dort eine gute Aufführung pflog, wurde er später wieder an verschiedenen Orten als Hilfspriester verwendet, verfiel aber bald wieder in den alten Fehler und sank trotz vieler Mahnungen schließlich soweit, daß ihn das Ordinariat nicht nur außer Verwendung setzte, sondern auch mit der totalen Suspension belegte, weil er zu öffentlichen Ärgernissen Anlaß gab.

Oberhuber versuchte nun von seiner Heimatsgemeinde Unterstützung zu erlangen, wurde aber dort als arbeits- und erwerbsfähig abgewiesen, brachte sich dann einige Zeit kümmerlich als Schreiber fort und richtete endlich eine Vorstellung an die zuständige Kreisregierung, in welcher er Folgendes ausführte: Durch die Verfügungen des bischöflichen Ordinariates sei ihm die Möglichkeit standesgemäßen Erwerbes und Verdienstes abgeschnitten, von ihm als Priester könne man nicht verlangen, daß er sich durch Straßenkehren oder Steinklopfen fortbringe, er sei übrigens durch Hunger und Elend so herabgekommen, daß er körperliche Arbeit nicht mehr leisten könne, infolge seiner schlechten Augen könne er nicht einmal mehr durch Abschreiben etwas verdienen, ihn als Priester könne man weder in das Armenhaus stecken noch verhungern lassen, die Kreisregierung habe die Pflicht, dafür zu sorgen, daß ihm entweder das Ordinariat oder der Patron der Pfarrei Bibach oder endlich der Staat den nötigen Unterhalt gewähre.

Was wird die Kreisregierung thun?

In beiden Fällen ist die Entscheidung näher zu motivieren.

Probe-Aufgabe

aus dem protestantischen Kirchenrechte.

1. Mit Allerhöchstem Reskripte vom 15. April 1812 wurden die Protestanten von A aus der dortigen katholischen Pfarrei in die protestantische Pfarrei N eingepfarrt und zugleich ausgesprochen, daß im Falle der Gutsbesitzer von A

und die dortigen Protestanten einen besonderen Gottesdienst in der Schloßkapelle zu A durch den Pfarrer von N gehalten zu sehen wünschten, dieselben darüber mit dem Pfarramte eine besondere Übereinkunft zu treffen hätten.

Durch Allerhöchstes Reskript vom 13. Februar 1813 wurde sodann die zwischen dem Pfarramte N und den protestantischen Einwohnern von A getroffene Übereinkunft genehmigt, nach welcher der jeweilige Pfarrer zu N an jedem 3. Sonntage des Jahres in der zu widerruflicher Benützung überlassenen Schloßkapelle zu A Gottesdienst gegen ein festgesetztes Honorar abzuhalten hat.

Im Laufe der Zeit hat sich infolge dieses Verhältnisses durch verschiedene Zuwendungen von Protestanten in A für protestantisch kirchliche Zwecke daselbst und aus Klingelbeuteleinlagen ein Vermögen gebildet. Aus demselben wurden den Bestimmungen der Geber gemäß einzelne zur Abhaltung des Gottesdienstes und zur Spendung der Sakramente bestimmte Gegenstände erworben und ein besonderer Fond zur teilweisen Bestreitung der Kosten für die Abhaltung der Gottesdienste in A gebildet.

Über die Vermögensverwaltung, welche der protestantische Pfarrer von N und ein Pfleger aus der Zahl der Protestanten von A übernahm, wurde jährlich Rechnung gestellt. Letztere wurde stets von der jeweils zuständigen Kuratelbehörde revidiert und beschieden.

Von mehreren Protestanten in A wurden gegen die letztgestellte Rechnung Erinnerungen erhoben und es wurde insbesondere darüber Beschwerde geführt, daß die Verwaltung nicht in legaler Weise zusammengesetzt sei.

Das K. Bezirksamt faßte Beschluß dahin, daß die Protestanten von A durch die mit Allerhöchstem Reskripte vom 15. April 1812 verfügte Einpfarrung in die Pfarrei N weder in ein Filialkirchenverhältnis, noch in ein privatrechtliches Verhältnis zur Pfarrei N gesetzt worden seien. Daraus folge, daß sie auch kein eigenes kirchliches Vermögen erwerben und besitzen können, daß vielmehr alles, was an Geldeswert für kirchliche Zwecke in ihren Besitz gekommen sei, Eigentum der protestantischen Kirchenstiftung N sei und der für diese bestehenden Kirchenverwaltung unterstehe. Es sei deshalb das seither als Vermögen der Filialkirchengemeinde A verwaltete Vermögen an die Kirchenverwaltung N zu extradieren und seien für die Zukunft die Protestanten in A als unter der Kirchenverwaltung N stehend zu behandeln.

Hiegegen ergriffen die sämtlichen dermalen zu A wohnenden Protestanten Beschwerde zur K. Regierung, weil sie in dem bezirksamtlichen Beschlusse einen Eingriff in ihre Privatrechte sowohl als in die Rechte der Filialkirchengemeinde A erblicken müßten. Sie könnten weder der Kirchenverwaltung N das Recht der Verwaltung ihres zu kirchlichen Zwecken bestimmten Vermögens, noch der Kirchenstiftung daselbst Eigentumsrechte an demselben zuerkennen. Einer näheren Begründung ihrer Beschwerde könnten sie sich enthalten, da sie von der Oberkuratelbehörde wie dem K. Konsistorium mit Zuversicht erwarten könnten, daß sie in ihren Rechten geschützt würden.

Aufgabe: Es ist die motivierte Entschließung der Kreisregierung zu entwerfen, welche auch etwa erforderliche Anordnungen an das Bezirksamt zu enthalten hat.

2. Die Wahl zur protestantischen Kirchenverwaltung Z wurde von den Kirchengemeindemitgliedern Y und Genossen angefochten, weil

1) mehrere Wahlzettel durch den Wirt A in Z, in dessen Gastlokal die Wahl vorgenommen wurde, Namens wahlberechtigter Kirchengemeindemitglieder an die Wahlkommission übergeben, von dieser angenommen und auf den Namen der betreffenden Wahlberechtigten in die Stimmliste eingetragen wurden, obwohl diese Wahlberechtigten teilweise zwar im Hause, in welchem die Wahl stattfand, nicht aber im Wahllokale selbst, teilweise nicht einmal in Z anwesend waren,

2) der nicht wahlberechtigte B zur Stimmabgabe zugelassen worden sei,

3) der primo loco gewählte Wirt A zugestandenermaßen sich selbst gewählt habe.

Es wurde behauptet, daß durch diese Vorgänge wesentliche Förmlichkeiten verletzt worden seien, welche die Nichtigkeit der vorgenommenen Handlung zur Folge haben und an das Bezirksamt der Antrag auf Annullierung der Wahl gestellt.

Die vom Bezirksamt gepflogenen Erhebungen ergaben, daß

a) Bei der Hauptwahl von 115 Wählern

1) 62 Wahlzettel und unter diesen sub Nr. 53 der Stimmliste durch den Wirt A der Wahlzettel des D, sub Nr. 60 der Wahlzettel des E und sub Nr. 61 der Wahlzettel des Wirts A dem Wahlausschuß übergeben und von letzterem angenommen worden war,

2) daß D zwar in Z und im Hause, in welchem die Wahl stattfand, nicht aber im Wahlzimmer und

3) E nicht einmal in Z anwesend war, sondern einen Bekannten, der ebenfalls wahlstimmberechtigt war und wählte, ersucht hatte, anstatt seiner zu wählen, was dieser auch that und was die Übergabe dieses Wahlzettels an Wirt A und durch diesen an den Wahlausschuß zur Folge hatte,

4) daß B nicht wahlberechtigt ist, gleichwohl zur Wahl zugelassen wurde,

5) daß Wirt A seine Selbstwahl zugab,

6) daß bei der Wahl der Wirt A mit 38 und F mit 32 Stimmen in die Kirchenverwaltung gewählt wurden und

7) daß der Nächste nach diesen beiden 22 Stimmen erhielt.

b) Daß bei der Wahl des Ersatzmannes von 115 Wählern

1) 60 Wahlzettel und von letzteren sub Nr. 47 der Stimmliste der Wahlzettel des D, sub Nr. 48 jener des G und sub Nr. 49 jener des Wirtes A, sämtliche 3 Wahlzettel durch letzteren übergeben worden, sowie daß D und G im Hause, nicht aber im Wahlzimmer anwesend waren,

2) daß H mit 32 Stimmen zum Ersatzmann gewählt wurde und der Nächste nach ihm 15 Stimmen erhielt.

Aufgabe: Es ist der Beschluß des Bezirksamts unter Würdigung der einzelnen festgestellten Thatsachen zu entwerfen.

3. Die protestantische Kirchenverwaltung A beschloß unterm 2. Dezember 1888, die Kosten, welche für die Anfertigung eines Wirtschaftsplanes für die im Eigentum der Pfarrstiftung A stehenden Waldungen erwachsen waren, aus Mitteln der dortigen Kirchenstiftung zu bestreiten, und stellte an das Bezirksamt die Bitte, diesen Beschluß kuratelamtlich zu genehmigen.

Letzteres erließ unterm 6. Dezember 1888 an die Kirchenverwaltung A Entschließung dahin, daß die Übernahme der fraglichen Kosten auf die Kirchenstiftung von Kuratelwegen nicht genehmigt werde, nachdem eine rechtliche Verpflichtung der letzteren hiezu nicht bestehe und die von der Kirchenverwaltung erwiesene mehrmalige Bestreitung von Ausgaben für Pfarrstiftungsgrundstücke seitens der Kirchenstiftung, wie von der Kirchenverwaltung selbst zugestanden werde, sich als eine freiwillige Leistung darstelle, eine solche aber für die nächste Zeit nicht gestattet werden könne, weil die Kirchenstiftung A ihre Mittel zur Deckung unmittelbar bevorstehender nicht unbedeutender Bauausgaben selbst bedürfe.

Hiegegen wurde vom Vorstande der Kirchenverwaltung A am 24. Dezember 1888 Beschwerde zur K. Regierung ergriffen, auf eine Bescheidung derselben jedoch seitens der Kirchenverwaltung mit Beschluß vom 21. März 1889 mit der Begründung verzichtet, daß das Pfarramt A selbst die Angelegenheit weiter verfolgen werde.

Das protestantische Pfarramt A hatte sich auch bereits am 2. März 1889 an das Bezirksamt mit der Bitte gewendet, den Beschluß vom 6. Dezember 1888 zurückzunehmen und die Übernahme der Kosten für den Wirtschaftsplan durch die Kirchenstiftung nicht weiter zu beanstanden.

Das Bezirksamt beschränkte sich in seiner Entschließung vom 24. März 1889 darauf, dem protestantischen Pfarramt A zu eröffnen, daß es bei der Verfügung vom 6. Dezember 1888 zu verbleiben habe.

Gegen diese Verfügung erhob der Pfarrer von A namens seiner Person, Namens des protestantischen Pfarramts A und als Vorstand der Kirchenverwaltung daselbst am 30. März 1889 Beschwerde zur K. Regierung mit der Begründung, daß die Kirchenverwaltung A gegen die Übernahme der fraglichen Kosten auf die Kirchenstiftung an sich nichts zu erinnern, auch früher freiwillig derartige Kosten bestritten habe und eine Kuratelgenehmigung zu dem Beschlusse der Kirchenverwaltung vom 2. Dezember 1888 überhaupt nicht erforderlich gewesen sei.

Hienach wird gebeten:

„Die K. Regierung wolle unter Abänderung der bezirksamtlichen Verfügung vom 24. März 1889 aussprechen, daß die Ausgaben für Anfertigung des fraglichen Wirtschaftsplanes nicht durch die Pfarrstiftung A, sondern vielmehr durch die Kirchenstiftung daselbst zu bestreiten seien".

Aufgabe: Es ist die motivierte Entschließung der K. Regierung zu entwerfen.

Probe-Aufgabe
aus der Polizeiwissenschaft.

1. Welche Bestimmungen gelten in Bezug auf den Arbeitsvertragsbruch landwirtschaftlicher und gewerblicher Arbeiter in Bayern?

Ist eine Abänderung dieser Bestimmungen wünschenswert? Warum oder warum nicht?

Welche Stellung ist insbesondere zu der Frage über die Strafbarkeit des Vertragsbruchs der gedachten Arbeiter einzunehmen?

2. Was versteht man unter den sogenannten Warenabzahlungsgeschäften? Sind dieselben wirtschaftlich schädlich und warum?

Ist es angezeigt, besondere Maßnahmen gegen dieselben zu ergreifen, und wenn ja, welche?

Probe-Aufgabe
aus dem Polizeirecht.

1. Der Magistrat der bayerischen unmittelbaren Stadt N beabsichtigt, im Vollzuge des Gesetzes vom 26. Februar 1850 „die Versammlungen und Vereine betr.“, für die zu Versammlungen abgeordneten — in der Regel dem nicht juristisch gebildeten Personale entnommenen — Polizeibeamten eine Instruktion zu erlassen, worin diese Beamten auf die einzelnen gesetzlichen Vorschriften, welche bei Erfüllung ihrer Aufgabe in Betracht kommen können, aufmerksam gemacht, und denselben Anweisungen für ihr Verhalten in den verschiedenen Fällen, welche möglicherweise sich ergeben, erteilt werden sollen.

Diese Instruktion ist zu entwerfen.

2. In der unmittelbaren Stadt A erhielt vor 20 Jahren Fabrikant X die Erlaubnis zur Anlage einer Knochenmehlfabrik auf einem allseitig 1 km von Wohnstätten entfernten Platze.

Infolge raschen Wachstums der Stadt kam die Fabrik allmählig in einen bebauten Stadtteil zu liegen. Auf Beschwerde der Anwohner wurde durch amtsärztliches Gutachten festgestellt, daß der Betrieb der Fabrik erhebliche Belästigungen und Gesundheitsgefährdungen für den ganzen Stadtteil mit sich bringe. Einrichtungen zur Beseitigung dieser Nachteile lassen sich ohne Beeinträchtigung des Fabrikbetriebes nicht anbringen.

Kann der Besitzer der Anlage ohne oder gegen Entschädigung gezwungen werden, den Fabrikbetrieb einzustellen? Wer hätte gegebenen Falles über die Betriebseinstellung und Entschädigung zu entscheiden und in welchem Verfahren?

I. Probe-Aufgabe
aus der Volkswirtschaft.

1. Welche Arten von landwirtschaftlichen Genossenschaften kommen in Bayern vor?

Ist die Ausdehnung des landwirtschaftlichen Genossenschaftswesens auch auf andere als die bisher verfolgten Zwecke möglich und wünschenswert?

Wie kann die Entwicklung des landwirtschaftlichen Genossenschaftswesens gefördert werden?

2. Welche Organe bestehen in Bayern zur Förderung und Vertretung der Interessen der Landwirtschaft, des Handels, der Industrie und der Gewerbe, dann des Verkehrs?

Welche Aufgaben liegen diesen Organen ob und in welchem Verhältnisse stehen dieselben zur Staatsverwaltung?

II. Probe-Aufgabe

aus der Volkswirtschaft.

1. Welchen Einfluß hat die Entwicklung des modernen Verkehrs auf die Landwirtschaft geäußert?

Welche Maßnahmen wurden ergriffen, um die Stellung der inländischen Landwirtschaft gegenüber der Konkurrenz des Auslandes zu erleichtern?

Welche sonstigen Maßnahmen werden zu diesem Zwecke in Vorschlag gebracht und was ist von denselben zu halten?

2. Welche gesetzliche Bestimmungen bestehen zur Zeit in Bayern zum Schutze der gewerblichen und Fabrik-Arbeiter in Bezug auf Leben und Gesundheit?

Welche weiteren Schutzvorschriften werden angestrebt?

Welche Bestrebungen in dieser Richtung sind berechtigt und welche Bestimmungen wären hienach weiter veranlaßt?

I. Probe-Aufgbae

aus der Staatsfinanzwirtschaft.

In welcher Weise ist das Recht der Banknotenausgabe im Deutschen Reiche gesetzlich geregelt und wem und unter welchen Beschränkungen steht dermalen in Bayern das Recht der Notenausgabe zu?

Welche rechtliche Bedeutung haben die zur Ausgabe gelangenden Banknoten?

Welche Gründe sprechen im allgemeinen für oder gegen die Errichtung von Staatsnotenbanken neben oder mit Ausschluß von Privatnotenbanken?

II. Probe-Aufgabe
aus der Staatsfinanzwirtschaft.

Was versteht man unter einer Wehrsteuer?

In welcher Weise war eine solche Steuer in Bayern zur Einführung gelangt?

Könnte eine Wehrsteuer dermalen noch als bayerische Landessteuer in Betracht kommen? Welche Gründe sprechen für oder gegen die Einführung einer Wehrsteuer als Reichssteuer?

Praktische Aufgabe
aus dem Bereiche der inneren Verwaltung.

1. Die Landgemeinde Forst, K. Bezirksamts N in Mittelfranken, besteht aus den Ortschaften Forst und Brand.

Die Ortschaft Brand besitzt ein eigenes Ortsvermögen, bestehend in einem Grundbesitz von 65 ha, teils Waldung, teils Ackerland und Oedungen.

Im Dezember 1888 reichten 12 Gemeindebürger von Brand, Xaver Huber und Genossen, bei dem Bürgermeister Reichart zu Forst einen schriftlichen Antrag ein, dahin gehend, es wollen die der Ortsgemeinde Brand gehörigen Oedungen Pl.-Nr. 75 und 76 zu 10,030 ha und 3,080 ha unter die 30 Nutzungsberechtigten nach Verhältnis ihres Gemeinderechtsbesitzes eigentümlich verteilt und zur Beschlußfassung hierüber Gemeindeversammlung anberaumt werden.

Der aus 4 Mitgliedern bestehende Ortsausschuß (Art. 153 Abs. 4 der diesrheinischen Gemeindeordnung) trat hierüber unter dem Vorsitze des Bürgermeisters in Beratung und beschloß mit 2 Stimmen gegen 1 Stimme (1 Mitglied war entschuldigt weggeblieben, und der Bürgermeister nahm an der

Abstimmung nicht teil), die Ortsgemeindeversammlung zu berufen und derselben die Annahme des gestellten Antrages zu empfehlen.

In der ordnungsmäßig berufenen Ortsgemeinde-Versammlung vom 15. Januar 1889 erstattete der Bürgermeister Vortrag, worauf nach längerer Besprechung mittelst schriftlicher Abstimmung beschlossen wurde:

„Die Gemeindegründe Pl.-Nr. 75 und 76 werden unter die 30 Gemeinderechtsbesitzer (Hs.-Nr. 1—30) und die 7 Leerhausbesitzer (Hs.-Nr. 31—37) eigentümlich verteilt, so zwar, daß die Besitzer von zwei Gemeinderechten (Hs.-Nr. 1—5) je 2 Teile, die Besitzer eines Gemeinderechts (Hs.-Nr. 6—20) je 1, die Besitzer von einem halben Gemeinderecht (Hs.-Nr. 21—30) je 1/2, endlich die Leerhausbesitzer (Hs.-Nr. 31—37) je 1/7 nach dem Lose zugewiesen erhalten. Die Schule und die Pfarrei sollen keinen Teil erhalten. Auf die zur Verteilung bestimmte Fläche wird zu Gunsten der Ortsgemeindekasse ein im 25fachen Betrage ablösbarer Grundzins von 217 Mk. gelegt und auf die einzelnen Teile verhältnismäßig verteilt".

Am Schlusse des über die Verhandlung aufgenommenen Protokolles findet sich folgende Bemerkung:

„Die Zahl der in Brand wohnhaften Gemeindebürger beträgt: 37, 3/4 hievon: 28.

An der Abstimmung haben sich beteiligt: 35. Für die Teilung haben gestimmt: 28.

An Grundsteuer wird für die innerhalb der Ortsmarkung gelegenen Realitäten entrichtet:

von den 37 Ortsbürgern	650 ℳ	
von den übrigen Heimatberechtigten der Gemeinde Forst . .	157 ℳ	
Summa:	807 ℳ	
Die Hälfte davon	403 ℳ	50 ₰
Die 28 Ortsbürger, welche für die Teilung gestimmt haben, entrichten an Grundsteuer innerhalb der Ortsmarkung	450 ℳ	

2. Nach dem Sprichworte: „Der Appetit wächst beim Essen" — wurde unter einem Teile der Ortsbürger von Brand alsbald nach dem Teilungsbeschlusse vom 15. Januar 1889 das Verlangen rege, noch ein weiteres Stück Gemeindeland zur Verteilung zu bringen. Infolge dessen wendeten sich die obengenannten 15 Gemeindebürger von Brand in einer schriftlichen Eingabe vom 28. desselben Monats an den Bürgermeister mit dem Antrag: den Ortsgemeindegrund Pl.-Nr. 77, Oedung, mit einem Flächenumfange von 3,200 ha, unter Auferlegung eines im 25fachen Betrage ablösbaren Grundzinses von im Ganzen 62 Mk., in der gleichen Weise und unter denselben Bedingungen zu verteilen, wie die Plan-Nummern 75 und 76, jedoch mit Rücksicht auf die verschiedene Bonität gesondert von letzteren, so daß die Fläche Pl.-Nr. 77 für sich allein in 31 Teile abgeteilt werde. Zugleich wurde beantragt, die Ortsversammlung zur Beschlußfassung hierüber zu veranlassen.

Der Ortsausschuß trat am 10. Februar 1889 unter dem Vorsitze des Bürgermeisters hierüber in Beratung. Bei der Abstimmung (ein Ausschußmitglied konnte wegen Unwohlseins an der Sitzung nicht teilnehmen) stimmten zwei Ausschußmitglieder gegen die beantragte Teilung; eines für dieselbe. Der Bürgermeister nahm an der Abstimmung nicht teil. Indessen machte sich der Ortsausschuß im Hinblick auf Art. 147 Abs. 2 der Gem.-Ordn. weiter einstimmig dahin schlüssig, den Gegenstand gleichwohl der Beratung und Beschlußfassung der Ortsversammlung zu unterstellen.

Die vorschriftsmäßig berufene Ortsversammlung fand am 15. Februar 1889 statt. Der Bürgermeister erstattete Vortrag über die Beratung des Ortsausschusses und stellte namens des letzteren den Antrag, die Teilung abzulehnen. Das Ergebnis der schriftlichen Abstimmung ist am Schlusse des über die Verhandlung aufgenommenen Protokolles, wie folgt, festgestellt:

„Die Zahl der Ortsbürger beträgt: 37, $^{3}/_{4}$ hievon: 28. An der Abstimmung haben teilgenommen: 36; für die

Teilung in der von Huber und Genossen beantragten Weise haben gestimmt: 28.

An Grundsteuer für innerhalb der Ortsmarkung gelegene Realitäten wird entrichtet:

von 37 Ortsbürgern der Betrag von . .	650 ℳ	
von den übrigen Heimatberechtigten der Gemeinde Forst der Betrag von	157 ℳ	
Summa:	807 ℳ	
Die Hälfte davon	403 ℳ	50 ₰

Die 28 Ortsbürger, welche für die Teilung gestimmt haben, entrichten an Grundsteuer für Realitäten innerhalb der Ortsmarkung 460 ℳ".

3. Der Bürgermeister brachte nun die beiden Protokolle vom 15. Januar und 15. Februar 1889 dem K. Bezirksamte N zu weiterer Verfügung in Vorlage. Das genannte Bezirksamt ersuchte das Bezirkskomité des landwirtschaftlichen Vereines um Abgabe eines Gutachtens. Das genannte Komité sprach sich, nachdem es durch eines seiner Mitglieder an Ort und Stelle hatte Augenschein nehmen lassen, unter eingehender Begründung dahin aus, daß die beiden beschlossenen Gemeindegrundteilungen als den Interessen der Ortsgemeinde Brand nützlich, sowie insbesondere auch als zur Förderung der landwirtschaftlichen Kultur dienlich zu erachten seien.

Da inhaltlich des Protokolles vom 15. Februar 1889 Georg Altmann von Brand seine Stimme für die Teilung zweimal, einmal für sich und sodann als Vertreter der Witwe Barbara Ulrichs abgegeben hatte, so ließ das K. Bezirksamt N dieses Verhältnis aufklären, wobei sich ergab: Barbara Ulrichs, seit dem im November 1888 erfolgten Tode ihres Ehemannes Besitzerin des Anwesens Hs.-Nr. 15 in Brand, hat durch Beschluß des Gemeindeausschusses von Forst vom 10. Januar 1889 das Bürgerrecht verliehen erhalten und die Aufnahmsgebühr sofort am folgenden Tage bezahlt. Bei der Ortsversammlung zu Brand vom 15. Januar hat sie sich nicht beteiligt. Bei der Ortsversammlung vom 15. Februar dagegen hat sie sich durch ihren — gehörig bevollmächtigten — Schwager, den Ortsbürger Georg Altmann zu Brand, vertreten lassen. Letzterer hat sowohl für seine Person, als Namens seiner Schwägerin für die Teilung gestimmt. Barbara Ulrichs entrichtet für ihre innerhalb der Ortsmarkung Brand gelegenen Realitäten 20 Mk. Grundsteuer.

Auch über die rechtlichen Verhältnisse bezüglich der Gemeindenutzungen von Brand forderte das K. Bezirksamt Bericht ein. In dem hierauf vom Ortsausschuß zu Brand erstatteten, vom Bürgermeister und sämtlichen Ausschußmitgliedern unterzeichneten Berichte vom 15. April 1889 ist hierüber bemerkt:

„Die Ortsgemeindegründe dienen mit ihrem Ertrage in erster Linie zur Bestreitung des Bedarfes der Ortsgemeindekasse. Im übrigen kommen die Nutzungen an den unverteilten Gemeindegründen — Brennholz und Streu aus dem Gemeindewalde und Viehweide auf den Weideplätzen — herkömmlich ausschließend den Nutzungsberechtigten, d. i. den Besitzern der Anwesen Hs.-Nr. 1—30 zu, und zwar nach Verhältnis der Größe ihrer Nutzungsrechte, wie solche im Grundsteuerkataster vorgetragen sind. Die zur Verteilung bestimmten Oedungen Pl.-Nr. 75, 76 und 77 wurden bisher von den Nutzungsberechtigten als Viehweideplätze benützt. Eine Gemeinderechtsgebühr wird nicht erhoben."

In dem gleichzeitig in Vorlage gebrachten Grundsteuerkatasterauszuge für „Hs.-Nr. 38, Ortsgemeinde Brand" findet sich folgender Vortrag: „An den Gemeindebesitzungen haben die Hs.-Nr. 1—5 je zwei, Hs.-Nr. 6—20 je einen, Hs.-Nr. 21—30 je ein halb Nutzanteile."

Das K. Bezirksamt N erließ nun unterm 30. April 1889 folgenden Beschluß:

„1) Der Ortsversammlungsbeschluß der Ortsgemeinde Brand vom 15. Januar 1889 wird aufsichtlich genehmigt.

2) Dem Ortsversammlungsbeschlusse vom 15. Februar desselben Jahres dagegen wird die aufsichtliche Genehmigung versagt."

In den Gründen wurde unter Bezugnahme auf Art. 159 Abs. 1 Ziff. 2 der diesrhein. Gemeindeordnung ausgeführt:

Zu 1: Die formellen und materiellen gesetzlichen Bedingungen der Gemeindegrundteilungen nach Art. 27 der Gem.-Ordn. seien sämtlich erfüllt; die am 15. Januar 1889 beschlossene Teilung sei auch für die Ortsgemeinde, welcher doch noch ein ansehnlicher Grundbesitz verbleibe, wie für die Ortsangehörigen zuträglich.

Zu 2: Gemäß Art. 27 Abs. 1 mit Art. 146 Abs. 2 der Gem.-Ordn. sei die Rechtsgültigkeit von Gemeindegrundteilungen durch übereinstimmende Beschlüsse der Gemeindeverwaltung und der Gemeinde- beziehungsweise Ortsversammlung bedingt. Im vorliegenden Falle habe sich aber einesteils der Ortsausschuß gegen die Teilung erklärt, und anderenteils entbehre auch der Ortsversammlungsbeschluß vom 15. Februar 1889 der formellen Giltigkeit, weil kein Gemeindebürger ein doppeltes Stimmrecht ausüben dürfe und daher die von Georg Altmann für Barbara Ulrichs abgegebene Stimme als ungiltig zu erachten sei und durch den Wegfall dieser Stimme die gesetzliche Voraussetzung einer $^3/_4$-Mehrheit verloren gehe.

Gegen Ziff. 2 des bezirksamtlichen Beschlusses erhob der Ortsausschuß von Brand in Ausführung eines bezüglichen Ortsversammlungsbeschlusses Beschwerde zur K. Regierung von Mittelfranken, Kammer des Innern, welche jedoch durch Bureauentschließung vom 15. Mai 1889 den bezirksamtlichen Beschluß, soweit dagegen Beschwerde erhoben worden war, aus den ihm unterstellten Gründen und unter Bezugnahme auf Art. 161 der Gem.-Ordn. bestätigte. Diese Entschließung wurde dem Ortsausschuß zu Brand — zugestellt und dem Bürgermeister Reichart zu Forst am 31. Mai — abschriftlich mitgeteilt.

4. Nunmehr wendeten sich die nachstehend bezeichneten Gruppen von Beteiligten an das K. Bezirksamt N mit dem Antrage auf verwaltungsrechtliche Verhandlung und Entscheidung.

A. Der Gemeinderechtsbesitzer Johann Meier von Brand stellte unterm 10. Juni im eigenen Namen und im Auftrage von 6 weiteren Nutzungsberechtigten von dort, welche ihm vorschriftsmäßige Vollmacht erteilt hatten, den Antrag: den Ortsversammlungsbeschluß vom 15. Januar 1889 für ungiltig zu erklären. Zur Begründung führte Meier aus: Es fehle an der erforderlichen 3/4-Mehrheit der Stimmen. Diese Mehrheit berechne sich aus der Gesamtzahl 37 auf 28. Ebenso Viele hätten auch für die Teilung gestimmt; unter den Letzteren habe sich aber auch Melchior Reindl befunden. Diesem sei zwar Tags zuvor durch Beschluß der Gemeindeverwaltung Forst das Bürgerrecht verliehen worden, die statutenmäßige Aufnahmsgebühr habe er erst darnach, am 20. Januar, entrichtet. Er sei sohin am 15. Januar noch nicht stimmberechtigt gewesen, da nach dem in der Gemeinde Forst zu Recht bestehenden Aufnahmsgebühren-Regulativ die Wirksamkeit des Bürgerrechtes von der Bezahlung der Aufnahmsgebühr abhängig sei.

B. Der Gemeinderechtsbesitzer Xaver Huber von Brand stellte am 9. Juni 1889 für sich und im Namen von weiteren 22 Besitzern nutzungsberechtigter Anwesen daselbst — versehen mit vorschriftsmäßiger Vollmacht — den Antrag: auszusprechen, daß der Ortsgemeindeversammlungsbeschluß vom 15. Februar 1889 als rechtsgiltig und rechtswirksam anzuerkennen sei.

Die Antragsteller hätten in ihrer Eigenschaft als Ortsbürger und als Nutzungsberechtigte gemäß Art. 19 Abs. 2 Ziff. 3 mit Art. 27 Abs. 3 und Art. 32 der Gem.-Ordn. ein Recht darauf, daß eine in rechtsgiltiger Weise beschlossene Gemeindegrundteilung anerkannt und in Vollzug gesetzt werde. Die Aufsichtsbehörde könne zwar aus Zweckmäßigkeitsrücksichten die Genehmigung versagen und den Vollzug inhibieren; wenn sie dies aber aus rechtlichen Erwägungen thue, so betrete sie das Verwaltungsrechtsgebiet und unterliege daher ihr Ausspruch in dieser Richtung der Korrektur im verwaltungsrechtlichen Verfahren.

Der durch Regierungsentschließung vom 15. Mai 1889 bestätigte Aufsichtsbeschluß des K. Bezirksamtes N vom 30. April desselben Jahres beruhe in Ziff. 2 auf unrichtiger Gesetzesauslegung.

a) Die Gemeindeordnung fordere in Art. 27 nur so viel, daß sich für die beantragte Gemeindegrundteilung drei Vierteile der Gemeindebürger erklären und daß die Zustimmenden zusammen an Grundsteuer den daselbst näher bezeichneten Betrag entrichten. Nirgends sei aber bestimmt, daß der Antrag auf Teilung vom Gemeinde- beziehungsweise Ortsausschuß ausgehen oder daß dieser zustimmen müsse. Eine diesbezügliche ausdrückliche Vorschrift wäre jedoch notwendig gewesen, wenn hier eine Ausnahme von den allgemeinen Bestimmungen der Gemeindeordnung über die Zuständigkeit und die Befugnisse der Gemeindeversammlung hätte getroffen werden wollen.

b) Was die Stimmabgabe durch Georg Altmann für Barbara Ulrichs betreffe, so sei es gesetzlich nicht ausgeschlossen, daß eine Frauensperson, welche Bürgerrecht besitze, sich bei Ausübung ihres Stimmrechtes durch einen Mitbürger vertreten lasse.

C. Die Besitzer der sogenannten Leerhäuser, Hs.-Nr. 31—37, erteilten dem Besitzer von Hs.-Nr. 31, Joseph Klein, Vollmacht zu ihrer Vertretung in dieser Angelegenheit.

Joseph Klein stellte unterm 10. Juni 1889 für sich und seine Auftraggeber den Antrag, auszusprechen, daß die Ortsgemeindegründe Pl.-Pr. 75 und 76, dann Pl.-Nr. 77 unter sämtliche Ortsbürger zu gleichen Teilen zu verteilen seien.

Zur Begründung dieses Antrages nahm Joseph Klein Bezug auf Art. 19 Abs. 2 Ziff. 3, Art. 27 Abs. 3, Art. 32 Abs. 2 und 4 der Gem.-Ordn. Hienach seien regelmäßig, soferne nicht durch ein abweichendes Herkommen oder besondere Rechtstitel etwas anderes begründet sei, alle Gemeindebürger berechtigt, an Gemeindegrundteilungen gleichheitlich teilzunehmen. Besondere Rechtstitel beständen hinsichtlich des Rechtes der Teilnahme an Gemeindegrundteilungen in Brand nicht, ebensowenig ein von der gesetzlichen

Regel abweichendes Herkommen, wie schon die Thatsache erkennen lasse, daß bei der im Jahre 1835 stattgehabten Gemeindeteilung alle Ortsbürger, einschließlich der Leerhäusler, einen gleichen Anteil erhalten hätten.

5. Nunmehr setzte das K. Bezirksamt N zur Verhandlung der Sache Tagfahrt auf 15. September an und ließ Einladung hiezu an die Antragsteller beziehungsweise an die Bevollmächtigten derselben ergehen.

Da die vier Mitglieder des Ortsausschusses von Brand als Antragsteller und Parteigegner beteiligt erschienen, forderte das Bezirksamt weiter den Bürgermeister Reichart zu Forst auf, die Ortsgemeinde Brand bei der Verhandlung zu vertreten.

Am 15. September fanden sich die sämtlichen Geladenen — für die beiden Gruppen von Nutzungsberechtigten und für die Leerhäusler die oben genannten Bevollmächtigten — ein. Der K. Bezirksamtmann gab den Erschienenen zunächst den Inhalt der erwachsenen Akten, insbesondere die gestellten Anträge und deren Begründung, bekannt und forderte sodann die Beteiligten beziehungsweise deren Vertreter zur Begründung ihrer Anträge und zur Abgabe etwaiger Gegenerklärungen auf.

A. Joh. Meier wiederholte den von ihm gestellten Antrag und dessen Begründung.

Bürgermeister Reichart bemerkte hierauf zunächst zur thatsächlichen Feststellung: Melchior Reindl in Brandt habe das dortige Anwesen Hs.-Nr. 16 — Grundsteuersoll in der Ortsmarkung 18 Mk. — erst gegen Ende des Jahres 1888 erkauft und habe dann um Verleihung des Bürgerrechtes nachgesucht. Solches sei ihm auch durch Beschluß der Gemeindeverwaltung Forst vom 14. Januar 1889 verliehen worden; die regulativmäßige Aufnahmsgebühr habe er am 20. Januar entrichtet. Das im Jahre 1870 durch Gemeindeversammlungsbeschluß festgesetzte und öffentlich bekannt gemachte Regulativ über Bürgeraufnahmsgebühren enthalte folgende Bestimmung: „Die Wirksamkeit des Bürgerrechtes ist von der vorausgehenden Bezahlung der Aufnahmsgebühr abhängig". Zum Belege übergab Bürgermeister Reichart einen Abdruck des erwähnten Regulatives, in welchem sich die angegebene Bestimmung wörtlich findet.

Im Übrigen wurde von Xaver Huber auf den Antrag des Joh. Meier und Genossen entgegnet:

a) Im Allgemeinen mache sich gegen den gestellten Antrag, welcher sich als Beschwerde gegen den Ortsversammlungs-Beschluß vom 15. Januar 1889 darstelle, das Bedenken geltend, daß diese Beschwerde innerhalb der in Art. 163 der Gem.-Ordn. bestimmten Frist hätte angebracht werden müssen, und daß jedenfalls durch die inzwischen erfolgte aufsichtliche Genehmigung jede weitere Anfechtung ausgeschlossen sei.

b) Melchior Reindl sei durch die auf sein Ansuchen durch Gemeindeverwaltungsbeschluß vom 14. Januar 1889 erfolgte Bürgerrechtsverleihung Bürger geworden und habe hiemit gemäß Art. 19 Abs. 2 Ziff. 1 der Gem.-Ordn. das Recht erlangt, bei der Beratung und Abstimmung über Gemeindeangelegenheiten mitzuwirken. Dem erwähnten Vorbehalt im Gebührenregulativ könnte höchstens die Bedeutung beigemessen werden, daß die Gemeinde befugt sei, dem neu aufgenommenen Bürger bis nach erfolgter Entrichtung der Aufnahmsgebühr die Ausübung der mit dem Bürgerrechte verbundenen Befugnisse zu versagen. Nachdem aber Reindl's Teilnahme an der Abstimmung vom 15. Januar 1889 weder seitens des Ortsausschusses noch seitens der übrigen Versammelten beanstandet worden sei, er auch die Aufnahmsgebühr am 20. Januar bezahlt habe, so werde die Giltigkeit seiner Stimmabgabe mit Unrecht bezweifelt.

Übrigens sei diese Bemängelung jedenfalls für die Giltigkeit des Versammlungsbeschlusses belanglos, weil, wenn auch Reindl für die Abstimmung vom 15. Januar als Bürger nicht in Betracht kommen sollte, die erforderliche $^3/_4$ Mehrheit gleichwohl gegeben wäre.

Joh. Meier glaubte hierauf bemerken zu sollen, daß Melch. Reindl durch den Gemeindeverwaltungsbeschluß vom 14. Januar 1889 das Bürgerrecht wirklich erlangt habe und daher auch bei der Ortsversammlung vom 15. Januar mit Recht den Bürgern beigezählt worden sei. Nur die Ausübung (die „Wirksamkeit") dieses Rechtes sei gemäß Art. 20 Abs. 1 der Gem.-Ordn. bis zur Entrichtung der Aufnahmsgebühr suspendiert gewesen, und er sei daher nicht befugt gewesen, mitzustimmen.

B. Xaver Huber erklärte, zur Begründung seines Antrages zunächst nur noch das Eine nachtragen zu wollen, daß, wie ihm von einem Rechtsverständigen mitgeteilt worden sei, die Fassung der Worte in Art. 27 Abs. 1 der Gem.-Ordn.: „wenn dem Antrage auf Teilung ꝛc." durch einen bezüglichen Beschluß der Kammer der Reichsräte — Verh. d. Kammer der Reichsr. 1866/9 Prot.-Bd. VII. S. 273 f. —*) entstanden sei; es habe zuvor geheißen: „dem Antrage der Gemeindeverwaltung auf Teilung". Die Worte „der Gemeindeverwaltung" seien gestrichen worden. Hiedurch sei klargestellt, daß es der Zustimmung der Gemeindeverwaltung nicht bedürfe.

Von Joh. Meier wurde dagegen ausgeführt: Der gestellte Antrag sei von vorneherein rechtlich unmöglich und gesetzlich unzulässig.

Die Erteilung oder Versagung der aufsichtlichen Genehmigung sei Sache freien administrativen Ermessens; Niemand habe ein Recht auf Erteilung der Genehmigung. Gegen die Versagung derselben, gleichviel ob sie aus Zweckmäßigkeitsrücksichten, oder aus rechtlichen Erwägungen erfolgt sei, könne im Verwaltungsrechtswege nicht angekämpft werden.

Nachdem nun die Aufsichtsbehörden dem Beschluß der

*) (Anmerkung): Am angef. O. — im Protokoll über die Sitzung der Kammer der Reichsräte vom 3. April 1869 — findet sich mit Bezug auf Art. 28 des Entwurfes einer Gem.-Ordn. f. d. Landest. diss. d. Rh. — nun Art. 27 des Gesetzes — folgender Vortrag: „Ferner hat der Ausschuß beantragt, die Worte: „der Gemeindeverwaltung" zu streichen, indem das ausschließliche Antragsrecht der Gemeindeverwaltung nicht mit den Bestimmungen der Artikel 113 und 144a" (nun Art. 115 und 147) „in Einklang stehe, welche sowohl der Gemeindevertretung als der Gesamtbürgerschaft ein Antragsrecht einräumen". Dieser Antrag wurde angenommen.

Ortsgemeinde Brand vom 15. Februar d. Js. die Genehmigung versagt hätten, sei dieser Beschluß vollständig hinfällig, so daß aus demselben keinerlei Rechte abgeleitet werden könnten.

Der Antrag des Xav. Huber und Genossen müsse daher ohne Weiteres, sei es als unbegründet, oder wegen Unzuständigkeit der Verwaltungsrechtsinstanzen, abgewiesen werden.

Nur vorsorglich — bemerkte Joh. Meier — wolle er auf die Sache selbst weiter eingehen. Hiebei glaube er aber auf die zutreffenden Ausführungen im bezirksamtlichen Beschlusse vom 30. April 1889 Bezug nehmen zu dürfen.

Xav. Huber erwiderte hierauf: Die Beschlüsse der Aufsichtsbehörden vom 30. April und 15. Mai 1889 enthielten, indem sie sich in den Entscheidungsgründen über rechtliche Fragen verbreiteten, thatsächlich zugleich eine Rechtsentscheidung, welche der Anfechtung im Verwaltungsrechtswege unterliege. — Zur Sache selbst nehme er auf seine früheren Ausführungen Bezug.

Joh. Meier bemerkte dagegen, er könne nicht finden, daß die Aufsichtsbehörden über etwas anderes, als über die Erteilung oder Versagung der aufsichtlichen Genehmigung entschieden hätten oder hätten entscheiden wollen. Würde man aber gleichwohl annehmen, daß in ihren Beschlüssen eine verwaltungsrechtliche Entscheidung liege, so sei diese, nachdem sie nicht durch Beschwerde zum K. Verwaltungsgerichtshofe angefochten worden sei, rechtskräftig geworden.

C. Joseph Klein erklärte, daß er zu dem von ihm gestellten Antrag und zu dessen Begründung vorerst nichts beizusetzen habe.

Bürgermeister Reichart, aufgefordert, die hinsichtlich der Gemeindenutzungen in Brand bestehenden Verhältnisse darzulegen, erklärte, lediglich auf den Bericht des Ortsausschusses zu Brand vom 15. April 1889 Bezug nehmen zu müssen. Er habe nur noch beizufügen, daß, wie Jos. Klein richtig bemerkt habe, bei der Ortsgemeindegrundteilung vom Jahre 1835 — weitere Teilungen seien nicht vorgekommen — alle

Ortsbürger, einschließlich der Leerhäusler, gleiche Anteile erhalten hätten.

Diese Angabe, sowie die Darstellung in dem erwähnten Berichte des Ortsausschusses wurde von allen Anwesenden als zutreffend anerkannt.

Anknüpfend hieran wurde von Joh. Meier und Kaspar Huber auf den Antrag des Joseph Klein und Genossen entgegnet:

Die Grundlosigkeit dieses Antrages ergebe sich von selbst aus Art. 27 Abs. 3 der Gem.-Ordn. im Zusammenhalte mit der vom Ortsausschuß bestätigten und von Jos. Klein und Genossen selbst zugestandenen Thatsache, daß die Leerhäusler von der Teilnahme an den Nutzungen und den unverteilten Gemeindegründen herkömmlich vollständig ausgeschlossen seien. Denn nach der angeführten Gesetzesbestimmung richte sich das Anteilsrecht bei Gemeindegrundteilungen nach dem Teilnahmsrecht an den Nutzungen der unverteilten Gemeindegründe. Es beruhe daher lediglich auf gutem Willen, daß den Leerhäuslern durch die beiden Gemeindebeschlüsse vom 15. Januar und 15. Februar ds. Js. zusammen ein Anteil zugestanden worden sei.

Joseph Klein führte dementgegen aus: Die Auffassung, daß die Anteilsberechtigung und der Verteilungsmaßstab hinsichtlich der Gemeindegrundteilungen gemäß Art. 27 Abs. 3 der Gem.-Ordn. die gleichen seien, wie in Ansehung der Nutzungen an ven unverteilten Gemeindegründen, beruhe auf einem Irrtume. Art. 27 Abs. 3 der Gem.-Ordn. bestimme vielmehr, daß Anteilsrecht und Teilungsmaßstab bei Gemeindegrundteilungen sich nach den in Art. 32 (Abs. 2—4) gegebenen Bestimmungen zu bemessen haben. Demgemäß sei es gesetzliche Regel, daß alle in Art. 32 Abs. 2 bezeichneten Personen, insbesondere alle Gemeindebürger, an Gemeindegrundteilungen teilzunehmen berechtigt seien und gleichen Anteil beanspruchen könnten. Ausnahmen fänden nur statt, wenn in Bezug auf Gemeindegrundteilungen durch besondere Rechtstitel oder durch Herkommen etwas Anderes begründet sei.

Letzteres sei aber hier, wie allseitig zugestanden und durch den Vorgang der Gemeindegrundteilung vom Jahre 1835 erwiesen sei, nicht der Fall. Demzufolge seien die Besitzer von Hs.-Nr, 31—37 berechtigt, bezüglich der am 15. Januar ds. Js. sowie hinsichtlich der am 15. Februar desselben Jahres beschlossenen Teilung, vorausgesetzt, das letztere überhaupt rechtswirksam werden sollte, je einen ganzen ($^1/_{37}$) Anteil in Anspruch zu nehmen.

Hiemit wurde die Verhandlung geschlossen.

Aufgabe: Der vom K. Bezirksamte N zu erlassende Beschluß ist zu entwerfen und zu begründen. Die Geschichtserzählung ist zu erlassen; als solche gilt die vorstehende Darstellung.

Spezielle Aufgaben

für die

Rechtspraktikanten

in der

Pfalz.

1889.

I. Aufgabe
aus dem bürgerlichen Rechte.

1. Die Anna Lamm, Ehefrau von Karl Wolf in Landau, mit dem sie in gesetzlicher Gütergemeinschaft gelebt hatte, erwirkte gegen diesen ihren Ehemann Ehescheidungsurteil. Bei den darauf folgenden Separationsverhandlungen vor Notar erklärte sie sich für Annahme der Gütergemeinschaft; es ergab sich aber dabei unter Anderem folgender Streitpunkt. Sie machte nämlich einen Reprisenanspruch im Betrage von 8500 Mark unter der Aufstellung geltend: sie habe in ungeteilter Gemeinschaft mit ihren drei Geschwistern ein Gartenstück besessen, welches bei der Lizitation von ihrem Ehemanne in eigenem Namen um 2000 ℳ erworben worden sei; dieser Garten sei später, noch während der Ehe, als Bauplatz um den erheblich höheren, sofort bezahlten Betrag von 10,000 ℳ verkauft worden; ihr habe daher das gesetzliche Retrakt- oder Wahlrecht zugestanden, entweder den Garten, beziehungsweise dessen späteren Erlös der Gütergemeinschaft zu überlassen und aus derselben Entschädigung für ihren Anteil am Garten zu verlangen oder aber den Garten beziehungsweise dessen Erlös als ihr Sondergut zu reklamieren und die Gütergemeinschaft für den aus derselben an die früheren Miteigentümer des Gartens bezahlten Betrag von 1500 ℳ zu entschädigen; sie wähle das letztere, und es komme ihr daher der verlangte Betrag zu, welchen die Gütergemeinschaft und, soweit diese nicht hinreiche, ihr Ehemann zu ersetzen verpflichtet sei.

Karl Wolf bestritt diesen Anspruch mit der Behauptung: wenn auch das thatsächliche Vorbringen seiner geschiedenen

Ehefrau seine Richtigkeit habe, so könne doch von einer Ausübung des beanspruchten Wahlrechts nicht die Rede sein, nachdem der Garten unter ihrer Mitwirkung veräußert worden sei; die Frau habe in einem solchen Falle nur das Recht, die Sache selbst an sich zu ziehen oder sie der Gütergemeinschaft zu überlassen; ersteres sei nur möglich, wenn die Liegenschaft noch im Besitze der Gemeinschaft oder des Mannes sich befinde, oder auch, wenn der Frau im Falle einer einseitig vom Manne vorgenommenen Veräußerung die Vindikation zustehe; keine dieser Voraussetzungen sei vorhanden; einen Reprisenanspruch, wie er hier geltend gemacht werde, kenne das Gesetz nicht, dasselbe bestimme namentlich nicht, daß im Falle des Verkaufs der Kaufpreis in locum rei trete; übrigens liege ja eventuell in der Beteiligung der Ehefrau an dem Verkaufe des Immöbels eine Ausübung der Wahl in dem Sinne, daß der Garten der Gütergemeinschaft überlassen sein solle, und eine solche sei auch während Bestehens der Gütergemeinschaft zulässig; jedenfalls habe seine geschiedene Frau keinen weiteren Anspruch, als auf die nach Verhältnis ihres früheren Gemeinschaftsanteils am Garten ihr zustehende Quote am seinerzeitigen Lizitationspreise, das ist auf 500 ℳ, oder doch höchstens am Verkaufserlöse von 10,000 ℳ, das ist auf 2500 ℳ.

Wie ist nun zu entscheiden, und welches sind die Ansprüche, die aus obigen Rechtsgeschäften für die Beteiligten bestehen? Die Entscheidung ist selbstverständlich gehörig zu begründen.

2. Johann Müller in Kaiserslautern schuldet dem Karl Filz allda 1000 ℳ und hat eine Forderung an Franz Karch in Landstuhl von 800 ℳ. Müller erteilt dem Karch den Auftrag, die von diesem an Ersteren geschuldeten 800 ℳ dem Filz zu bezahlen. Karch erklärt sich auch dem Müller gegenüber bereit, den Auftrag auszuführen. Müller machte dem Filz von dem Auftrage, welchen er dem Karch erteilt hatte, schriftliche Mitteilung. Ehe Weiteres geschehen war,

und ehe namentlich Karch Zahlung an Filz geleistet hatte, pfändet Friedrich Gaier, der auf Grund eines rechtskräftigen Urteils eine Forderung von 700 ℳ an Müller hat, dessen Forderung an Karch.

Konnte die Pfändung wirksam geschehen und warum oder warum nicht?

II. Aufgabe
aus dem bürgerlichen Rechte.

1. Der Landwirt Weber entlieh vom Rentner Groß eine Summe von 10,000 ℳ, es wurde eine Schuld- und Pfandverschreibung vor Notar errichtet und zugleich darin bestimmt, daß der Gläubiger niemals Urteil oder Vollstreckungsbefehl und demgemäß auch keine Generalhypothek gegen den Schuldner wegen seiner Forderungen erwirken könne, um ihn in der freien Verfügung über seine nicht verpfändeten Liegenschaften nicht zu behindern. Zugleich erklärte sich sein Bruder als Solidarbürge. Da nach einiger Zeit der Schuldner die bedungenen Zinsen nicht mehr zahlte, kündigte der Gläubiger das Kapital sowohl dem Schuldner, als dem Bürgen gegenüber. Letzterer zahlte alsdann den Gläubiger vollständig aus und ließ sich von ihm zugleich in alle seine Rechte gegenüber dem Schuldner subrogieren. Da ihm die aus der Obligation hervorgehende Sicherheit nicht vollständig genügte, so stellte er eine Klage auf Zahlung von Kapital und Zins gegen den Schuldner an, um noch weitere Hypotheken auf dessen übrigen Güter zu erlangen.

Die Klage wurde als unzulässig bestritten, weil der Kläger, obwohl seine Forderung nicht beanstandet werden könne, als in die Rechte des ursprünglichen Gläubigers subrogiert, nicht mehr Rechte ausüben könne, als dieser, der doch ausdrücklich auf die Erlangung einer gerichtlichen Hypothek verzichtet habe. Die Zahlung durch den Bürgen habe die Lage des Schuldners nicht verschlimmern können und bilde immer noch, wie von Anfang an, der Vertrag das Gesetz unter den Parteien, insbesondere auch zwischen Schuldner und Bürgen, da letzterer zudem persönlich beim Abschluß des Vertrages mitgewirkt hatte und ihm daher auch genau bekannt war, welch großes Gewicht der Schuldner auf jene Stipulation setzte, wie er denn auch in der Lage sei, bei fernerer freier Bewegung in Bezug auf seine nicht verpfändeten Liegenschaften, die er demnächst äußerst günstig verkaufen könne, sich aus seinen dermaligen Verlegenheiten vollständig herauszuziehen, während durch ein Urteil seine Lage erheblich verschlimmert werde.

Wie und aus welchen Gründen ist zu entscheiden?

2. Die Eheleute Hoch, welche beide zum ersten Male in die Ehe treten, verheirateten sich am 1. September 1860. Der Ehemann ist geboren am 1. Oktober 1836, die Ehefrau am 10. Oktober 1841. Im Jahre 1878 starben die Eheleute und handelt es sich um Teilung und Auseinandersetzung ihres Nachlasses. Ansprüche erheben, außer einem während der Ehe geborenen Sohne Jakob, noch folgende weitere Personen:

1) Georg, geboren am 1. März 1854, anerkannt 1864, von beiden Ehegatten;
2) Karl, geboren 1855, anerkannt vom Ehemanne noch im Jahre 1855;
3) Peter, geboren 1858, anerkannt 1859 durch beide Ehegatten;
4) Hans, geboren 1859, anerkannt 1863 ebenfalls durch beide Ehegatten;
5) Fritz, geboren am 1. Mai 1860, anerkannt 1864 vom Ehemanne, erzeugt mit der Katharina Groß.

Welches ist die familienrechtliche Stellung der unter 1 bis 5 genannten Personen gegenüber den Eheleuten Hoch und gegenüber dem Sohne Jakob Hoch, sowie welche Rechte stehen denselben zu am Nachlasse der verstorbenen Eheleute Hoch, sofern man von etwa entgegenstehendem Standesbesitze absieht, und die zulässigen Standesbestreitungen als erhoben denkt?

Praktischer Fall
aus dem Justizfache.

Aus nachstehenden Prozeduракten und nach Maßgabe der darin niedergelegten Bemerkungen ist ein landgerichtliches Urteil in der Form einer Ausfertigung mit allen vom Gesetze vorgeschriebenen äußern und innern Erfordernissen sowie mit einer dem Gesetze entsprechenden Entscheidung abzufassen.

Klageschrift

zum K. Landgerichte Zweibrücken, Zivilkammer

für

Konrad Drumm, Landwirt, in Pirmasens wohnhaft, Kläger, durch den Unterzeichneten am genannten K. Landgerichte zugelassenen, in Zweibrücken wohnhaften Rechtsanwalt Feder als Prozeßbevollmächtigten vertreten;

gegen

Friedrich Drumm, Landwirt, in Pirmasens wohnhaft, Beklagten, Streitgegenstand: Erbschafts- und Teilungsansprüche — Wert . . . . 9571 ℳ

sowie Freiheit des Grundeigentums von einer Dienstbarkeit — Wert . . . . 400 ℳ

zusammen Streitwert 9871 ℳ

Der Beklagte wird hiemit in die von dem Herrn Präsidenten zu bestimmende Sitzung der Zivilkammer des K. Landgerichts Zweibrücken zur mündlichen Verhandlung über die Klage vorgeladen, unter der Aufforderung, einen bei dem Prozeßgerichte zugelassenen Rechtsanwalt zum Prozeßbevollmächtigten zu bestellen.

Für den Kläger wird vorgetragen und beantragt werden:

Georg Drumm, Landwirt in Pirmasens, Vater der Parteien, besaß ein größeres Anwesen in Pirmasens an der Landauer Straße neben Philipp Stamm und Johann Keil, nämlich: Pl.-Nr. 241a und 241b vier Ar enthaltend, bestehend aus zwei mit Hs.-Nrn. 112 und 113 bezeichneten Wohnhäusern, zwischen denselben befindlicher Einfahrt, Nebengebäuden und Hof, sowie Pl.-Nr. 242a und 242b, zwei Ar

Gartenland. Die Einfahrt führt von der Landauer Straße aus in den Hinter- oder nördlich von ihr und den Wohnhäusern gelegenen Hof, welch letzterer zu beiden Seiten von den bereits angeführten Nebengebäuden eingefaßt ist. Hinter oder nördlich von diesen sowie dem Hofe liegt der zum Anwesen gehörige Garten.

Die Gestaltung des Anwesens wird durch nachstehende Skizze veranschaulicht:

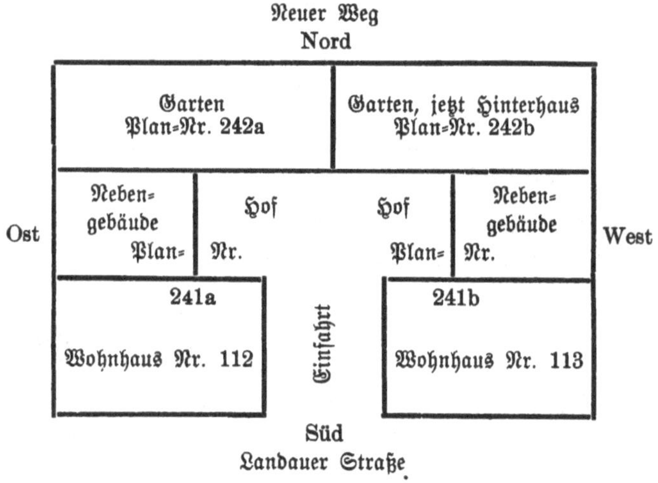

Georg Drumm trat in einem als Kauf bezeichneten Akte des K. Notärs Weiß in Pirmasens vom 15. Februar 1875 von dem beschriebenen Anwesen das erstlich gelegene mit der Hausnummer 113 bezeichnete Wohnhaus mit dem an dieses stoßenden Nebengebäude und die westliche Hälfte des Gartens sowie die ungeteilte Hälfte der Einfahrt und des Hofes um die Summe von 14,000 ℳ an seinen ältesten Sohn, den Beklagten Friedrich Drumm ab. Nach dem Akte waren von dem bedungenen Preise 4000 ℳ an Martini 1875, die übrigen 10,000 ℳ in vier gleichen Jahresterminen nach dem Tode des Verkäufers mit Zinsen vom Todestage an ebenfalls an Martini zahlbar. Zugleich war bedungen, daß Friedrich Drumm bei Lebzeiten seines Vaters von dem geschuldeten Kaufpreise zwar keine Zinsen bezahlen, dagegen die erforderlichen Fahrten und sonstigen Arbeiten zu Bebauung der Felder des letztern, insbesondere auch das Pflügen derselben unentgeltlich zu besorgen habe. Im Jahre 1878 verkaufte jedoch der Vater Drumm seine Felder, so daß der Beklagte der stipulierten Leistung von Fahrten thatsächlich enthoben war. Statt der Fahrten 2c. machte dieser dann andere Leistungen nicht. Im Jahre 1878 ward auf der Nord- oder Rückseite des Eingangs genannten, ursprünglich dem Vater Georg Drumm gehörigen Anwesens ein neuer öffentlicher Weg angelegt, welcher längs der beiden nunmehrigen Gärten Pl.-Nr. 242a und Pl.-Nr. 242b vorüberzieht, während sich an Stelle des Wegs vorher fremdes, dem Beklagten unzugängliches Privateigentum befunden hatte. Der Beklagte Friedrich Drumm errichtete nun auf dem Platze des ihm gehörigen Gartens Pl.-Nr. 242b ein Wohnhaus, sogenanntes Hinterhaus, aus welchem Thüren und Fenster nach dem dem Friedrich Drumm mit seinem Vater damals noch gemeinschaftlichen Hofe gehen. Die Fenster insbesondere sind von gewöhnlicher Beschaffenheit, ohne Gitter, lassen sich öffnen und es sind die beiden übereinander, dem Garten des Vaters Drumm, Pl.-Nr. 242a, zunächst angebrachten Fenster von der Grenze dieses Gartens 50 Centimeter in seitlicher Richtung entfernt. Außerdem vergrößerte damals der Beklagte sein vorderes, an der Landauer Straße gelegenes Wohnhaus und die darin befindlichen Fenster, worunter auch zwei übereinander stehende, direkt auf die gemeinschaftliche Einfahrt gehende Fenster, letztere um 15 Centimeter in der Breite und um 30 Centimeter in der Höhe. Auch die hier fraglichen Fenster sind von gewöhnlicher Beschaffenheit und lassen sich öffnen.

Im August 1879 teilten Georg Drumm und der Beklagte Friedrich Drumm durch Privatakt den bisher zwischen ihnen gemeinschaftlichen Hof mittels Verlängerung einer durch die Mitte der Einfahrt nach der Scheidegrenze der beiderseitigen Gärten gezogene Linie in zwei Hälften ab — wie dies auf obiger Skizze durch eine punktierte Linie angedeutet ist, — wovon Georg Drumm die östliche und der Beklagte Friedrich Drumm die westliche Hälfte erhielt, während die Einfahrt noch gemeinschaftlich blieb.

Am 4. April 1886 starb der Vater Georg Drumm mit Hinterlassung dreier volljähriger Söhne als gesetzliche Erben, des Beklagten Friedrich, des Klägers Konrad und eines Sohnes Adam Drumm, welch' letzterer jedoch inzwischen ebenfalls gestorben ist. Durch ein von Adam hinterlassenes Testament ist der Kläger Konrad Drumm als dessen Universalerbe eingesetzt. Der Vater Georg Drumm hat bei seinem Tode ebenfalls ein Testament hinterlassen, in welchem er seinen Söhnen Konrad und Adam Drumm von seinem Nachlasse alles dasjenige, worüber er zu verfügen berechtigt ist, zum Voraus und außer Erbteil vermachte.

Bei der nach dem Tode des Georg und Adam Drumm zwischen dem Kläger und dem Beklagten vorgenommenen Teilung des Nachlasses des Ersteren ersteigerte Kläger das väterliche Anwesen, soweit es nach Obigem im Eigentume seines Vaters verblieben war, um 20,000 ℳ. Auch die übrigen vorhandenen Nachlaßgegenstände wurden abteilungshalber versteigert und es ergaben die erzielten Erlöse mit den vorhandenen Ausständen einschließlich der Kaufpreisschuld des Beklagten nach Abzug der den Nachlaß belastenden Schulden einen Gesamtaktivbestand von 48,000 ℳ. Hiezu kommen aber noch verschiedene von den Parteien zu machende Konferenden. Friedrich und Konrad Drumm haben nämlich unbestrittenermaßen in den Nachlaß ihres Vaters zu konferieren für bei ihrer Verheiratung erhaltene Ausstattung je 4000 ℳ. Außerdem hat der Vater Georg Drumm im Jahre 1874 nach dem Tode seiner Ehefrau bei Gelegenheit der Teilung der Gütergemeinechaft, in welcher er mit dieser gestanden hatte, sowie des Nachlasses derselben seinen obengenannten drei Söhnen und Erben ihrer Mutter die ihm gehörige ungeteilte Hälfte an den vorhandenen gütergemeinschaftlichen Liegenschaften zu gleichen Teilen geschenkt, um mit der andern Hälfte dieser Liegenschaften, sowie den mütterlichen Liegenschaften unter die genannten drei Erben gleichheitlich geteilt zu werden, wonach diese denn auch gleiche Güterlose erhielten. Der damals geschenkte Anteil an jenen Liegenschaften hat nach Abschätzung der für die jetzt in Frage stehende Teilung bezeichneten Sachverständigen einen Wert von 12,000 ℳ. Auch dieser Wert ist in den väterlichen Nachlaß einzuwerfen und bei Berechnung des verfügbaren Teils in Betracht zu ziehen. Hiezu kommt, daß Friedrich Drumm, der von seinem 19. bis zum 20. Lebensjahre als Einjährig-Freiwilliger im K. Heere diente, in dieser Zeit von seinem Vater Georg Drumm 4000 ℳ erhielt, die er verbrauchte. Diese sind mindestens zur Hälfte, weil der überschießende Betrag als übermäßiger Unterhaltungsaufwand erscheint, in den Nachlaß einzuwerfen und bei Berechnung des verfügbaren Vermögensteils in Anschlag zu bringen. Ebenso ist von dem Beklagten zu konferieren und für die Berechnung des Freiteils in Anschlag zu bringen der Betrag von 3000 ℳ, da der Wert des demselben verkauften Hausanwesens um diesen Betrag nach Abschätzung des Teilungsexperten den Kaufpreis übersteigt, dieser Mehrbetrag daher als geschenkt zu erachten ist. Das Gleiche gilt von den Zinsen des Restkaufpreises dieses Hausanwesens für die Zeit vom 1. Januar 1879 an, da der Beklagte mindestens von dieser Zeit an seinem Vater die nach dem Hauskaufakte zu leistenden Fahrten nicht mehr machte, diese Fahrten die Stelle von Zinsen vertraten und für die Fahrten während der Zeit, in welcher sie unterblieben, ein ausgleichender Ersatz zu leisten ist. Diese Zinsen belaufen sich von dem genannten Zeitpunkte bis zum Tode des Erblassers auf 3628 ℳ.

Hienach betragen die Konferenden, für deren Höhe der Todestag des Erblassers als Normaltag angenommen ist und welche selbstverständlich von da an zu verzinsen sind, zusammen 28,628 ℳ und die Gesamtnachlaßmasse, von welcher ein Freiteil zu berechnen ist, 76,628 ℳ, endlich der dem Kläger durch das obangeführte Testament zum Voraus vermachte Freiteil 19,157 ℳ. Der Beklagte ist aber noch verpflichtet, die zwischen ihm und dem Kläger gemeinschaftliche Einfahrt zu teilen, 815 c. c., was naturgemäß nur so geschehen kann, daß jede der Parteien die an ihr Vorderhaus angrenzende Hälfte der Einfahrt als Alleineigentum erhält, ferner die nach dieser aus seinem Vorderhause gehenden Fenster wieder auf ihren früheren Zustand zurückzuführen, sowie die beiden in seinem Hinterhause befindlichen, nur 50 Centimeter in seitlicher Richtung von dem Grundeigentum des Klägers entfernten Fenster bis auf eine Entfernung von 60 Centimeter hinwegzurücken, wenn er nicht vorzieht, alle diese Fenster in einer den Artikeln 676 und 677 c. c. entsprechenden Beschaffenheit herzustellen.

Da der Beklagte all dies bestreitet, so wird beantragt,

es gefalle dem K. Landgerichte, zu erkennen, daß die Parteien in dem Nachlaß des verlebten Georg Drumm außer je 4000 ℳ für erhaltene Aussteuer den 12,000 ℳ betragenden Wert der von dem Erblasser seinen drei Söhnen geschenkten durch den Kläger zu $^{2}/_{3}$, durch den Beklagten zu $^{1}/_{3}$ zu verrechnenden gütergemeinschaftlichen Liegenschaften einzuwerfen haben, daß ferner der Beklagte in den besagten Nachlaß einzuwerfen hat 2000 ℳ für Zuwendungen, die er als Einjährig-Freiwilliger von dem Erblasser erhielt, sowie für das ihm übertragene Hausanwesen und wegen des Übertrags von ihm zu leistende Dienste 6628 ℳ,

daß alle diese Konferenden neben dem übrigen Aktivbestande des Nachlasses für die Berechnung des verfügbaren Teiles desselben in Betracht zu kommen haben, und daß dieser verfügbare, dem Kläger zum Voraus vermachte Vermögensteil 19,157 ℳ beträgt,

weiter den Beklagten zu verurteilen, die gemeinschaftliche Einfahrt zwischen den Vorderhäusern der Parteien mit dem Kläger in Natur in der Weise abzuteilen, daß jede der Parteien die auf der Seite ihres Hauses gelegene Hälfte derselben erhält, sowie die beiden aus dem Vorderhause des Beklagten nach dieser Einfahrt gehenden Fenster bis auf ihre frühere Größe zu verkleinern, sowie die zwei obenbezeichneten nur 50 cm. in seitlicher Richtung von der Grenze des Anwesens des Klägers entfernten Fenster des Hinterhauses des Beklagten bis auf die Entfernung von 60 cm. zu beseitigen oder den vorbezeichneten Fenstern die durch Art. 676 und 677 c. c. vorgeschriebene Beschaffenheit zu geben.

endlich den Beklagten in die Prozeßkosten zu verurteilen.

Zweibrücken, 16. März 1889.

Feder, Rechtsanwalt.

Zur mündlichen Verhandlung der vorstehenden Klage wird die Sitzung der Zivilkammer des K. Landgerichts vom 6. Dezember 1889 bestimmt.

Zweibrücken, 17. September 1889.

Der Vorsitzende der Zivilkammer des K. Landgerichts.

Just, k. Langerichtspräsident.

Bemerkung: Die Klageschrift wurde dem Beklagten durch Akt des K. Gerichtsvollziehers Pfeuder in Pirmasens vom 19. September 1889 in gehöriger Weise zugestellt.

Klagebeantwortung

für

Friedrich Drumm, Landwirt, in Pirmasens wohnhaft, Beklagten, durch Rechtsanwalt Heist in Zweibrücken als Prozeßbevollmächtigten vertreten,

gegen

Konrad Drumm, Landwirt, in Pirmasens wohnhaft, Kläger, durch Rechtsanwalt Feder in Zweibrücken vertreten;

daß der Aktivbestand des Nachlasses von Georg Drumm abgesehen von den Konferenden 48,000 ℳ beträgt, wird nicht bestritten, ebensowenig, daß der Beklagte gleich dem Kläger für bei seiner Verheiratung erhaltene Ausstattung 4000 ℳ in diesen Nachlaß zu konferieren hat.

Dagegen bestreitet der Beklagte die Pflicht zu den begehrten weitern Konferenden, sowie daß der Nachlaß des Georg Drumm zur Zeit vor dessen Tod, für die Berechnung des verfügbaren Vermögensteils höher als zu 56,000 ℳ angenommen werde. Die ungeteilte Hälfte der gütergemeinschaftlichen Immobilien wurde den Söhnen des Erblassers geschenkt, um mit dem mütterlichen Nachlasse gleichheitlich unter die Schenknehmer geteilt zu werden, und es ist dies auch geschehen. Sie sind daher als zum mütterlichen Nachlasse gehörig anzusehen. Eine Kollationspflicht kann bezüglich ihrer schon deshalb nicht bestehen, weil bezüglich der fraglichen Liegenschaften infolge ihrer Teilung unter die Erben bereits eine Gleichstellung zwischen denselben stattgefunden hat. Aus denselben Gründen sind sie auch für die Berechnung des Freiteils nicht in Anschlag zu bringen. Was der Beklagte während seiner Militärzeit vom Erblasser erhielt, war allerdings verhältnismäßig nicht unbedeutend. Allein es hat dies zur Ausrüstung und zum Unterhalte des Beklagten gedient und ist daher von diesem, namentlich da er es während seiner Minderjährigkeit erhielt, nicht zu konferieren und ebensowenig für die Berechnung der portion disponible in Anschlag zu bringen.

Die Übertragung des Hausanwesens geschah durch einen aufrichtig und ernstlich gemeinten Kauf, wie schon daraus erhellt, daß der von den Sachverständigen angegebene Wert den Kaufpreis nicht erheblich übersteigt, fällt daher nicht unter den Gesichtspunkt einer Schenkung oder freigebigen Zuwendung, weshalb das bezügliche Klagebegehren ungerechtfertigt ist. Die Arbeiten, die der Beklagte dem Erblasser zufolge des Hauskaufs zu leisten hatte, unterblieben deshalb, weil dieser sie nicht mehr in Anspruch zu nehmen in der Lage war, und geben deshalb, sowie weil sie offenbar die Stelle von Zinsen vertreten sollten, keinen Grund zu einer Kollation — Art. 856 c. c. — und ebensowenig zu einer Verrechnung behufs Feststellung des Freititels.

Was das Begehren der Teilung der gemeinschaftlichen Einfahrt anlangt, so ist diese 3 ½ Meter breit und seinerzeit absichtlich gemeinschaftlich gelassen worden, um beiden Anwesen der Parteien als Einfahrt zu dienen. Bei einer Teilung in Natur wären die einzelnen Teile zu klein, um noch als

Einfahrt dienen zu können. Auf derartiges gemeinschaftliches Eigentum ist aber Art. 815 c. c. nicht anwendbar und ist daher das Teilungsbegehren unbegründet. Mit Rücksicht auf die Natur dieses Miteigentums war der Beklagte auch berechtigt, die nach der Einfahrt gehenden Fenster zu vergrößern. Endlich wurden auch die Fenster in dem Hinterhause des Beklagten mit mündlich erteilter Zustimmung des Erblassers hergestellt und ist insbesondere daraus, daß der Erblasser die beiden seinem Eigentum zunächst liegenden Fenster bei der Teilung des gemeinschaftlichen Hofes, auf welchen sie ja allein einen Ausblick gewähren, bestehen ließ, per argumentum aus Art. 692 c. c. eine Anerkennung ihrer Berechtigung zu erblicken. Es ist daher das bezüglich der Fenster gestellte Klagbegehren ebenfalls unbegründet.

Der Beklagte stellt daher den Antrag, die Klage unter Würdigung der Bereitwilligkeit des Beklagten zur Kollation von 4000 ℳ die erhobene Klage als unbegründet abzuweisen und den Kläger in die Prozeßkosten zu verfällen.

Zweibrücken, 8. Oktober 1889.

Der Rechtsanwalt des Beklagten.

Heist.

Schriftsatz

für

Konrad Drumm, Landwirt, in Pirmasens wohnhaft, Kläger, durch Rechtsanwalt Feder als Prozeßbevollmächtigten vertreten,

gegen

Friedrich Drumm, Landwirt, in Pirmasens wohnhaft, Beklagten, durch Rechtsanwalt Heiß als Prozeßbevollmächtigten vertreten.

Die erhobene Klage wird in allen Punkten aufrecht erhalten.

Daß namentlich die vom Erblasser seinen Söhnen überlassene ungeteilte Hälfte der gütergemeinschaftlichen Liegenschaften als Teil des mütterlichen Nachlasses anzusehen seien, ist nicht richtig. Sie wurden diesen Söhnen in Form einer gewöhnlichen Schenkung zugewendet und sind zu konferieren, sowie bei Berechnung der disponiblen Quote in Betracht zu ziehen, da kein Gesetz für die Befreiung von der Pflicht hiezu angeführt zu werden vermag. Der Aufwand, den der Erblasser für den Beklagten während seiner Militärdienstzeit machte, ist kein gewöhnlicher Unterhaltsaufwand, den der Erblasser auch in weit einfacherer Weise in seinem Hause hätte leisten können, sondern bildet eine Zuwendung behufs Erleichterung oder Abminderung der dem Beklagten persönlich obliegenden gesetzlichen Pflicht, in der gewöhnlichen Weise drei Jahre im K. Heere zu dienen. Der Aufwand ist auch so groß, daß er aus laufenden Mitteln nicht bestritten werden konnte, wie denn auch der Beklagte nicht wird bestreiten können, daß der Erblasser zu dessen Bestreitung ein ausstehendes Kapital von 3000 ℳ einzog und der Beklagte wird es dem Kläger nur als Billigkeit anrechnen können, daß dieser wegen des erwähnten Aufwandes nur die Einwerfung von 2000 ℳ verlangt. Die Minderjährigkeit des Beklagten während der Zeit, als der Aufwand gemacht wurde, ist für die Beurteilung der Frage von keinem Belange.

Endlich ist der Mehrwert des dem Beklagten übertragenen Hausanwesens über den stipulierten Kaufpreis zweifellos als diesem wenigstens indirekt geschenkt anzusehen und deshalb zu konferieren, sowie bei Feststellung des Freiteils in Anschlag zu bringen. Durch den Hausübertrag sollte die vom Beklagten damals eingegangene Ehe begünstigt werden. Das Gleiche gilt von dem Werte, der dem Beklagten durch den Kaufakt auferlegten, jedoch unterbliebenen Arbeitsleistungen, da diese prinzipiell geschuldet sind und jene Arbeitsleistungen, wenn sie auch statt der Zinsen bedungen sind, doch rechtlich nicht den Charakter von Zinsen haben, weshalb Art. 856 c. c. mit nichten zutrifft. cf. Art. 829 c. c.

Was die Teilung der Einfahrt anlangt, so ist die Bestimmung von Art. 815 c. c. eine ausnahmslose, von der daher auch der Richter eine Ausnahme nicht zulassen kann. Ohnehin kann der Raum, welcher gegenwärtig als Einfahrt dient, nach der Naturalteilung von den Parteien immerhin noch in anderer Weise wie als Einfahrt benützt werden, und hatte ja der Beklagte mit Herstellung des neuen Wegs auf der Rückseite seines Anwesens die Möglichkeit, auf dieser Seite eine Einfahrt zu gewinnen. Daß er dies nun wegen des aufgeführten Hausbaues nicht mehr leicht kann, hat er sich lediglich selbst zuzuschreiben und kann dem Kläger nicht zum Nachteile gereichen. Es gibt übrigens viele Hausanwesen ohne Einfahrt.

Bezüglich der Fenster wird die Rechtsausführung des Beklagten als unzutreffend bestritten, insbesondere auch nicht anerkannt, daß der Erblasser den rechtlichen Bestand der streitigen Fenster habe anerkennen wollen und in ersterer Beziehung einfach auf die Bestimmungen von Art. 676 bis 680 c. c. verwiesen.

Zweibrücken, 24. Oktober 1889.

Der Rechtsanwalt des Klägers.

Feder.

Bemerkungen: Die gewechselten Schriftsätze sind als gehörig zugestellt zu betrachten.

Bei der mündlichen Verhandlung der Sache am sechsten Dezember 1889 verlasen die Anwälte der Parteien ihre Anträge aus den von ihnen gefertigten Schriftsätzen. Dieselben begründeten diese Anträge in freiem Vortrage in thatsächlicher und rechtlicher Beziehung im Wesentlichen in gleicher Weise, wie dies in ihren Schriftsätzen geschehen ist, wobei sie insbesondere auf den darin enthaltenen thatsächlichen Aufstellungen beharrten, die Ausführungen des Gegners bekämpften und der Beklagte insbesondere die Erheblichkeit des Umstandes zu widerlegen suchte, daß er sich die Möglichkeit einer Ausfahrt auf den neuen Weg verbaut habe. Die thatsächlichen Behauptungen des Klägers wurden vom Beklagten zugegeben, soweit sie nach Inhalt der vorstehenden Schriftsätze nicht ausdrücklich bestritten wurden. Nicht anerkannt wurde übrigens vom Beklagten, daß der Verkauf des Hausanwesens an ihn in freigebiger Absicht und insbesondere mit Rücksicht auf die damals von ihm eingegangene Ehe unter günstigern Bedingungen als außerdem der Fall gewesen wäre, zu Stande gekommen sei. Beweise über die gemachten thatsächlichen Aufstellungen, soweit diese vom Gegner bestritten sind, wurden von keiner Seite angeboten.

Frage
aus dem katholischen Kirchenrechte.

Das bisherige Gesamteinkommen der katholischen Landpfarrei N bestand aus 2060 ℳ, welches sich zusammensetzte

	ℳ	₰
aus einem Staatsgehalte von	321	40
aus dem Wohnungsanschlage von	51	86
aus einem Zuschusse aus der Gemeindekasse mit	170	14
aus sonstigem Gelde und Naturalerträgnissen mit	725	60
aus Anniversalgebühren mit	60	—
und aus einer Einkommensaufbesserung aus Staatsmitteln mit	731	—
Summa	2060	—

Im Jahre 1887 wurde Pfarrer A in N darauf aufmerksam gemacht, daß eines der Pfarrgrundstücke vorzüglichen abbauwürdigen Thon berge, alsbald angestellte nähere Versuche bestätigten diese Angabe und Pfarrer A erzielte sofort schon während der Jahre 1887 und 1888 aus einer ordnungsmäßig betriebenen Thongrube einen Reingewinn von jährlich 750 ℳ.

Nun wurde der kathol. Fabrikrat von N auf die Sache aufmerksam, und in der Besorgnis, es möchte das Grubenfeld nur zum ausschließlichen Nutzen des gegenwärtigen Pfarrers ausgebeutet werden, stellte derselbe auf Grund des Art. 1 des kaiserl. Dekretes vom 6. November 1813 den Antrag auf Veräußerung des Grubenfeldes und auf verzinsliche Anlage des Erlöses.

Dieses Vorgehen des Fabrikrates veranlaßte den Pfarrer A, die Versetzung auf eine andere Pfarrei anzustreben, welches

Ziel er auch alsbald erreichte, infolge dessen die hiedurch erledigte Pfarrei mit den eingangs erwähnten Bezügen zur Bewerbung ausgeschrieben und sodann auf Ansuchen dem Pfarrer B verliehen worden ist.

Mittlerweile hatte die K. Regierung im Verfolge des Antrages des kathol. Fabrikrates von N die Versteigerung des in der Pfarrfassion mit einem Ertrage von 50 ℳ vorgetragenen Grubenfeldes angeordnet, und bei dieser Versteigerung wurde denn auch ein Meistgebot von 25,000 ℳ erzielt. Dieses Ergebnis wurde von der K. Regierung, Kammer des Innern, genehmigt. Als die Kaufsumme erlegt war, erfolgte deren Anlage in vierprozentigen Papieren al pari, und nun erklärte der Gemeinderat von N, vom 1. Januar 1890 beginnend, den bisherigen Zuschuß zum Pfarrgehalte aus Gemeindemitteln mit jährlich 170 ℳ 14 ₰ einstellen zu müssen, da der Pfarrer bei der erheblichen Mehrung seines Einkommens auf diesen Bezug nicht mehr angewiesen sei; zudem erhelle auch aus dem aufsichtlich bereits geprüften Voranschlage pro 1890, daß die Gemeinde N nunmehr zur Erhebung einer zehnprozentigen Gemeindeumlage schreiten müsse. Die weitere Behauptung, daß ein besonderer Rechtstitel für diese gemeindliche Leistung nicht vorliege, wurde durch die gepflogenen Erhebungen thatsächlich bestätigt.

Der Fabrikrat machte gegen diesen Antrag keine Erinnerung geltend, und regte bei den ohnehin gänzlich veränderten Verhältnissen eine Neuregulierung der Pfarrfassion an.

Pfarrer B hierüber einvernommen, erklärte, daß er auf dem ungeschmälerten Fortbezuge der bisherigen Pfarreinkünfte beharren müsse, da er nur durch die bei Ausschreibung der Pfarrei amtlich bekanntgegebenen Einkünfte bewogen worden sei, sich um die Pfarrei N zu bewerben. Hievon abgesehen, habe er gegen Neuregulierung seiner Gehaltsbezüge keine Erinnerung zu erheben.

Das bischöfliche Ordinariat billigte diese Erklärung des Pfarrers B.

Hienach ist unter näherer Erörterung der einschlägigen

Momente mit Angabe der maßgebenden gesetzlichen und normativmäßigen Bestimmungen das Jahreseinkommen des Pfarrers B in N vom 1. Januar 1890 ab festzustellen.

Frage
aus dem protestantischen Kirchenrechte.

1. Zum fassionsmäßigen Einkommen der Pfarrei O gehört auch eine auf Grund öffentlich-rechtlichen Titels von der Kirchenschaffnei G zu leistende Personalzulage von 150 ℳ, welche bisher von der Kirchenschaffneiverwaltung unbeanstandet entrichtet wurde.

Kurz vor dem Umzuge des nach P versetzten Pfarrers Müller verweigerte jedoch die Kirchenschaffneiverwaltung G die Auszahlung des pro 1888 fälligen, dem Pfarrer Müller voll gebührenden Jahresbezugs von 150 ℳ mit dem Beifügen, daß nach den inzwischen aufgefundenen Urkunden jeder Rechtsgrund für fragliche Leistung mangele und sich hiezu künftighin nicht mehr verstanden werden könne; der Erklärung lag das Urkunden-Material bei.

Pfarrer Müller setzte hievon das protestantische Presbyterium O behufs Wahrung der Rechte und Interessen der Pfarrei in Kenntnis und bat zugleich den zum Pfarrverweser in O bestellten Kandidaten Hofmann, nach seinerzeitiger Sachentscheidung die ihm gebührenden 150 ℳ nachsenden zu wollen.

Bald nach dem Abzuge des Pfarrers Müller verweigerte K, der neue Besitzer der Mühle zu O, die Entrichtung eines auf dieser Mühle zu Gunsten der Pfarrei O ruhenden Erbpachtes unter dem Vorgeben, er habe die Mühle vom Vorbesitzer W erbpachtfrei erworben, weshalb sich die Pfarrei an W halten müsse; von dem Ackerer S in O dagegen konnte der pro 1888 fällige Zins für eine von ihm gepachtete Pfarrwiese auf gütlichem Wege nicht erlangt werden, und erschien gerichtliche Klage unbedingt geboten.

Endlich brachten zu derselben Zeit die protestantischen

Kultusgenossen des zur Pfarrei O gehörigen Dorfes Z bei dem Presbyterium zu O einen wohlmotivierten Antrag auf Zuteilung zu der nahe gelegenen Pfarrei R mit der Bitte ein, sich beschlußmäßig über ihren Antrag zu erklären und die erforderliche Instruktion einzuleiten.

Das Presbyterium von O faßte darauf in einer legal berufenen und beschlußfähigen Sitzung vom 30. März 1889 mit Stimmeneinheit folgende Beschlüsse:

Es sei durch Vermittlung des zuständigen K. Bezirksamtes L an die K. Regierung der Pfalz die Bitte zu richten.

1) es möge über die Weigerung der Kirchenschaffnei G instanzieller Beschluß gefaßt und hiebei die genannte Schaffnei für verpflichtet erklärt werden, nicht blos dem Pfarrer Müller den pro 1888 fälligen Jahresbezug von 150 ℳ, sondern auch für alle Zukunft wie bisher dem jeweiligen Pfarrer in O den gleichen Jahresbezug zn entrichten, nachdem die vorgelegten Urkunden gerade jene Verpflichtung außer Zweifel stellten;

2) es wolle der protestantischen Kultusgemeinde O die Ermächtigung erteilt werden, gerichtliche Klage sowohl gegen den Müller K in O wegen Verpflichtung zur Entrichtung eines Erbpachtes an die dortige Pfarrei als auch gegen den Ackerer S dortselbst wegen Bezahlung des rückständigen Pachtzinses zu führen und durch alle Instanzen zu verfolgen;

3) es möge angesichts der zutreffenden Begründung der Kultusgenossen von Z deren Antrag auf Zuteilung der Ortschaft Z zur Pfarrei R alsbald durch die K. Regierung in Instruktion genommen werden, da hiezu bei gegenwärtiger Pfarrei-Erledigung und bei der in Aussicht genommenen längeren Pfarreiverwesung der günstigste Zeitpunkt gegeben sei.

Die Kandidaten haben die Beschlüsse des Presbyteriums von O nicht zu verbescheiden, sondern lediglich auf ihre gesetzliche Zulässigkeit zu prüfen und gleichzeitig auszuführen, welche Instanzen zur Verbescheidung der einzelnen Anträge des Presbyteriums berufen sind und auf Grund welcher gesetzlicher Bestimmungen.

2. Kirche und Pfarrhaus der protestantischen Kultusgemeinde A bedürfen der Reparatur und erfordert letztere nach vorliegendem Kostenanschlage einen Gesamtaufwand von 6000 ℳ, nämlich je 3000 ℳ für Kirche und Pfarrhaus. Nach Beschluß des Presbyteriums A vom 20. November 1889 sollen die Kosten durch Aufnahme eines bis zum Jahre 1898 rückzahlbaren Anlehens gedeckt und zur Abtragung wie Verzinsung der Schuld für die Jahre 1889 mit 1898 von den protestantischen Kultusgenossen der Pfarrei A nach Maßgabe ihrer Gesamtsteuer eine außerordentliche Kultusumlage von 12 % erhoben werden.

Der Presbyterialbeschluß wurde sodann den Gemeinderäten der sämtlichen zur protestantischen Kultusgemeinde A gehörigen politischen Gemeinden behufs Beschlußfassung über die beantragte außerordentliche Kultusumlage mitgeteilt.

Von den einzelnen Gemeinderäten wurden hierauf folgende Beschlüsse gefaßt:

1) Die Gemeinderäte von D und H erklären sich unterm 10. bezw. 12. Dezember 1889 einstimmig für die Erhebung einer außerordentlichen Kultusumlage von 12 %; zu den fraglichen Sitzungen waren sämtliche Gemeinderäte von D und H, 8 bezw. 10 an der Zahl geladen worden und auch erschienen.

2) Die Gemeinde B hat im Rechnungsjahre 1889 nach Befriedigung ihrer gesetzlichen Bedürfnisse noch erhebliche Rentenüberschüsse; der dortige Gemeinderat beschließt unterm 5. Dezember 1869:

„Es sei der auf die protestantischen Parochianen der Gemeinde B treffende Anteil an den in Rede stehenden Reparaturkosten von den protestantischen Kultusgenossen durch Erhebung einer außerordentlichen Kultusumlage von 12 % aufzubringen, da die pro 1889 sich ergebenden Rentenüberschüsse zur Errichtung einer gemeindlichen Gasanstalt verwendet werden, wofür schon lange ein Bedürfnis bestehe und bisher nur die nötigen Mittel fehlten."

3) Die Gemeinderäte von G und F, die zusammen eine

Filialkirchengemeinde mit eigener Kirche und eigenem ständigen Gottesdienste bilden, verweigern in ihren Beschlüssen vom 29. bezw. vom 30. November 1889 jede Erhebung einer außerordentlichen Kultusumlage für gedachte Zwecke, da sie, als Filialisten und als solche bereits mit Kultusumlagen belastet, im vorliegenden Falle überhaupt nicht konkurrenzpflichtig seien.

4) Der Gemeinderat von L endlich beschließt, eine außerordentliche Kultusumlage von nur 6% zu erheben, da einerseits die Gemeinde L mehr zu leisten nicht im Stande sei, anderseits mit der Pfarrhausreparatur noch Jahre lang zugewartet werden könne.

Die Rechnungsabschlüsse der Gemeinde L weisen jedoch die günstigste finanzielle Lage und die Leistungsfähigkeit der Gemeinde nach; auch die Dringlichkeit und Unverschieblichkeit der Reparatur des Pfarrhauses in A ist durch technische Gutachten außer Zweifel gestellt.

Die Mehrzahl der Protestanten von B hat sich nun beim zuständigen K. Bezirksamt K gegen den Beschluß des dortigen Gemeinderates vom 5. Dezember 1889 beschwert und gebeten, jenen Beschluß aufzuheben und auszusprechen, daß die fragliche Kultusumlage pro 1889 aus den für dieses Rechnungsjahr sich ergebenden Ratenüberschüssen der politischen Gemeinde B gedeckt werde, nachdem die sämtlichen gesetzlichen Bedürfnisse der Gemeinde bereits befriedigt seien; für die Jahre 1890 mit 1898 wollten sie die verlangte Kultusumlage von 12% entrichten, soferne sich nicht wiederholt Rentenüberschüsse ergeben sollten, wie sie denn überhaupt nicht die Höhe jener Umlage bestritten.

Das Presbyterium von A sendet die sämtlichen Beschlüsse der beteiligten Gemeinderäte nebst den bisherigen Verhandlungen an das K. Bezirksamt K und stellt die Bitte, Entscheidung in der Sache herbeizuführen, da sich alle Beschlüsse, jene der Gemeinderäte von D und H ausgenommen, als ungesetzlich darstellten; gegen die Gemeinde L im Besonderen wolle von Staatsaufsichtswegen vorgegangen werden.

Die Aufgabe lautet: Wer ist zuständig für die Entscheidung bezüglich der einzelnen Beschlüsse? Wie hat diese Entscheidung zu lauten? Letztere selbst ist kurz zu begründen, und sind hiebei die maßgebenden gesetzlichen Bestimmungen anzuführen.

Praktische Aufgabe

aus dem Bereiche der inneren Verwaltung.

1. Die Gemeinde Forst, K. Bezirksamtes N im Regierungsbezirke der Pfalz, besteht aus den Ortschaften Forst und Brand.

Die Ortschaft Brand besitzt ein eigenes Ortsvermögen, bestehend in einem Grundbesitz von 65 ha, teils Waldungen, teils Ackerland und Ödungen.

Im Dezember 1888 reichten 15 Gemeindebürger von Brand, Xaver Huber und Genossen, bei dem Bürgermeister Reichard zu Forst einen schriftlichen Antrag ein, dahin gehend, es möchten die der Ortsgemeinde Brand gehörigen Ödungen, Pl.-Nr. 75 und 76 zu 10,030 ha und 3,080 ha nach Maßgabe des Art. 20 der Gemeindeordnung für die Pfalz eigentümlich verteilt und zur Beschlußfassung hierüber Gemeindeversammlung anberaumt werden.

Der aus 4 Mitgliedern bestehende Ortsausschuß (Art. 85 Abs. 1 der Gemeinde-Ordnung) trat am 12. Januar 1889 unter dem Vorsitze des Bürgermeisters in Beratung und beschloß mit drei Stimmen gegen eine (1 Ausschußmitglied war entschuldigt weggeblieben), die Ortsgemeindeversammlung zu berufen und derselben die Annahme des gestellten Antrages zu empfehlen.

In der ordnungsmäßig berufenen Ortsversammlung vom 15. Januar 1889 erstattete der Bürgermeister Vortrag, worauf nach längerer Besprechung mittels schriftlicher Abstimmung beschlossen wurde: „Die Gemeindegründe Pl.-Nr. 75 und 76 werden auf Grund des Art. 20 der Gem.-Ordn. unter die nach Maßgabe des Abs. 3 dieser Gesetzesbestimmung im Zusammenhalte mit Art. 25. a. a. O. Teilnahmsberechtigten, d. i. an die in der Gemeinde Heimatberechtigten, welche in Brand seit Jahresfrist wohnen und einen eigenen Herd besitzen, gleichheitlich eigentümlich verteilt. Als Zeitpunkt für die Beurteilung der Teilnahmsberechtigung soll der 15. Januar als der Tag der Beschlußfassung maßgebend sein. Die Schule soll keinen Teil erhalten. Auf die einzelnen Teile wird zu Gunsten der Ortsgemeindekasse ein im 25 fachen Betrage ablösbarer Grundzins von je 7 ℳ gelegt".

Am Schlusse des über die Verhandlung aufgenommenen Protokolles findet sich folgende Bemerkung:

„Die Zahl der in Brand wohnhaften Gemeindebürger beträgt: 36; $^3/_4$ hievon: 27.

An der Abstimmung haben sich beteiligt: 34. Für die beantragte Teilung haben gestimmt: 27.

Die von sämtlichen Heimatberechtigten der Gemeinde Forst für Realitäten innerhalb der Ortsmarkung Brand zu entrichtende Grundsteuer beträgt: 807 ℳ. Die Hälfte davon: 403 ℳ 50 ₰.

Die 27 Ortsbürger, welche für die Teilung gestimmt haben, entrichten an Grundsteuer innerhalb der Ortsmarkung: 450 ℳ."

2. Nach dem Sprichworte: „Der Appetit wächst beim Essen" — wurde unter einem Teile der Ortsbürger von Brand alsbald nach dem Teilungsbeschlusse vom 15. Januar 1889 das Verlangen rege, noch ein weiteres Stück Gemeindeland zur Verteilung zu bringen. Infolge dessen wendeten sich die obengenannten 15 Gemeindebürger von Brand in einer schriftlichen Eingabe vom 28. desselben Monats an den Bürgermeister mit dem Antrage: „den Ortsgemeindegrund Pl.-Nr. 77, Ödung, zu 3,200 ha unter Auferlegung eines im 25fachen Betrage ablösbaren Grundzinses von je 2 ℳ, im übrigen aber in der gleichen Weise und unter denselben Bedingungen zu verteilen wie die Plannummern 75 und 76, jedoch mit Rücksicht auf die verschiedene Bonität gesondert von letzteren für sich allein.

Zugleich wurde beantragt, die Ortsversammlung zur Beschlußfassung hierüber zu veranlassen.

Der Ortsausschuß trat am 10. Februar 1889 hierüber in Beratung. Bei der Abstimmung (ein Ausschußmitglied konnte wegen Unwohlseins an der Sitzung nicht teilnehmen) stimmten zwei Ausschußmitglieder für, eines gegen die beantragte Teilung; Bürgermeister Reichart stimmte gegen die Teilung und gab den Stichentscheid.

Indessen machte sich der Ortsausschuß zugleich gleichwohl einstimmig dahin schlüssig, den Gegenstand der Beratung und Entscheidung der Ortsversammlung zu unterstellen. Die vorschriftsmäßig berufene Ortsversammtung fand am 15. Februar 1889 statt. Der Bürgermeister erstattete Vortrag über die Beratung des Ortausschusses, mit dem Bemerken, daß letzterer sich zwar gegen die beanstandete Teilung erklärt, gleichwohl aber — insbesondere mit Rücksicht auf die unter den Mitgliedern des Ortsausschusses selbst bestehende Meinungsverschiedenheit — beschlossen habe, den vorliegenden Antrag der Beschlußfassung der Ortsversammlung zu unterstellen.

Nach längerer Erörterung einigte sich die Versammlung, daß über nachstehende Frage abgestimmt werde: „Soll der Gemeindegrund Pl.-Nr. 77 in der von Xaver Huber und Genossen beantragten Weise verteilt werden, so zwar, daß als maßgebender Zeitpunkt für die Beurteilung der Teilnahmsberechtigung der 15. Februar als der Tag der Beschlußfassung, gilt?"

Das Ergebnis der schriftlichen Abstimmung ist am Schlusse des über die Verhandlung aufgenommenen Protokolles, wie folgt, festgestellt:

„Die Zahl der Ortsbürger beträgt: 37 (seit der Versammlung vom 15. Januar ds. Js. ist 1 Bürger zugegangen); $^3/_4$ hievon: 28.

An der Abstimmung haben teilgenommen: 35; für die Teilung haben gestimmt: 28.

Die von sämtlichen Heimatberechtigten der Gemeinde Forst für Realitäten innerhalb der Ortsmarkung Brand zu entrichtende Grundsteuer beträgt: 822 ℳ, die Hälfte hievon: 411 ℳ. Die 28 Ortsbürger, welche für die Teilung gestimmt haben, zahlen an Grundsteuer für Realitäten innerhalb der Ortsmarkung: 470 ℳ.

3. Der Bürgermeister brachte nun die beiden Protokolle vom 15. Januar und 15. Februar 1889 dem K. Bezirksamte N zu weiterer Verfügung in Vorlage. Das genannte Bezirksamt ersuchte das Bezirkskomité des landwirtschaftlichen Vereines um Abgabe eines Gutachtens. Das genannte Komité sprach sich, nachdem es durch eines seiner Mitglieder an Ort und Stelle hatte Augenschein nehmen lassen, unter eingehender Begründung dahin aus, daß die beiden beschlossenen Teilungen als den Interessen der Ortsgemeinde Brand nützlich, sowie insbesondere als zur Förderung der landwirtschaftlichen Kultur dienlich zu erachten seien.

Da innerhalb des Protokolles vom 15. Februar 1889 Georg Altmann seine Stimme — für die Teilung — zweimal, einmal für sich und sodann als Vertreter des Karl Ulrichs zu Würzburg, abgegeben hatte, so ließ das K. Bezirksamt N dieses Verhältnis aufklären, wobei sich ergab: Karl Ulrichs, Besitzer des Anwesens Hs.-Nr. 15 in Brand — die Grundsteuer für seine, innerhalb der Ortsmarkung gelegenen Realitäten beträgt 20 ℳ — hat in der zweiten Hälfte des Monat Januar 1889 seinen Wohnsitz nach Würzburg verlegt, dort aber weder Bürgerrecht noch Heimat erworben. Da er vorläufig im Besitze seines Anwesens in Brand geblieben, hat er zu seiner Vertretung in allen dortigen Gemeindeangelegenheiten seinen Schwager, den Anwesensbesitzer und Gemeindebürger Georg Altmann zu Brand, bevollmächtigt, welcher denn auch bei der Ortsversammlung vom 15. Februar 1889 für seinen Vollmachtgeber mitgestimmt hat.

Das K. Bezirksamt N erließ nun unterm 30. April 1889 folgenden Beschluß:

1) „Der Ortsversammlungsbeschluß der Ortsgemeinde Brand vom 15. Januar 1889 wird aufsichtlich genehmigt.

2) Dem Ortsversammlungsbeschlusse vom 15. Februar

desselben Jahres dagegen wird die aufsichtliche Genehmigung versagt".

In den Gründen wurde unter Bezugnahme auf Art. 91 Ziff. 2 der Gem.-Ordn. für die Pfalz ausgeführt:

Zu 1: Die formellen und materiellen gesetzlichen Bedingungen der Gemeindegrundteilungen nach Art. 20 der Gem.-Ordn. seien sämtlich erfüllt; die am 15. Januar 1889 beschlossene Teilung sei auch für die Ortsgemeinde, welcher doch noch ein angesehener Grundsitz verbleibe, wie für die Ortsangehörigen zuträglich.

Zu 2: Gemäß Art. 20 Abs. 1 mit Art. 79 Abs. 2 der Gem.-Ord. sei die Rechtsgiltigkeit von Gemeindegrundteilungen durch übereinstimmende Beschlüsse des Gemeinderates bezw. Ortsausschusses und der Gemeinde- bezw. Ortsversammlung bedingt. Im vorliegenden Falle habe sich aber einesteils der Ortsausschuß gegen die Teilung erklärt, und anderenteils entbehre auch der Ortsversammlungsbeschluß vom 16. Februar 1889 der formellen Giltigkeit, weil die Stimmabgabe durch Stellvertreter gesetzlich unzulässig und daher die von Gg. Altmann für Karl Ulrichs abgegebene Stimme als ungiltig zu erachten sei und durch den Wegfall dieser Stimme die gesetzliche Voraussetzung der $^3/_4$-Mehrheit verloren gehe.

Gegen Ziff. 2 des bezirksamtlichen Beschlusses erhob der Ortsausschuß, in Ausführung eines bezüglichen Ortsversammlungs-Beschlusses, Beschwerde zur K. Regierung der Pfalz, Kammer des Innern, welche jedoch durch Bureau-Entschließung vom 15. Mai 1889 den bezirksamtlichen Beschluß, soweit dagegen Beschwerde erhoben worden war, aus den ihm unterstellten Gründen und unter Bezugnahme auf Art. 92 der Gem.-Ordn. bestätigte.

Diese Entschließung wurde dem Ortsausschuß zu Brand — die Zustellung erfolgte am 31. Mai an den Bürgermeister zu Forst — abschriftlich mitgeteilt.

4. Nunmehr wendeten sich die nachstehend bezeichneten

Beteiligten an das K. Bezirksamt N mit dem Antrage auf verwaltungsrechtliche Verhandlung und Entscheidung.

A. Der Gemeindebürger Johann Meier von Brand stellte unterm 10. Juni für sich und im Auftrage von 6 weiteren Gemeindebürgern von dort, welche ihm vorschriftsmäßige Vollmacht zu ihrer Vertretung in der Gemeindeteilungssache erteilt hatten, den Antrag: den Ortsversammlungsbeschluß vom 15. Januar 1889 für ungiltig zu erklären.

Zur Begründung führte Meier aus: es fehle an der erforderlichen ³/₄-Mehrheit der Stimmen. Diese Mehrheit berechne sich aus der Gesamtzahl 36 auf 27. Ebenso viele hätten am 15. Januar für die Teilung bestimmt. Unter den Letzteren sei aber auch Melchior Reindl gewesen, welcher erst später Heimat- und Bürgerrecht erworben habe, somit am 15. Januar nicht stimmberechtigt gewesen sei. Mit dem Wegfall seiner Stimme gehe die ³/₄-Mehrheit verloren.

B. Der Gemeindebürger Xaver Huber von Brand stellte am 9. Juni 1889 für sich und im Namen von anderen 26 Gemeindebürgern von dort — versehen mit vorschriftsmäßiger Vollmacht — den Antrag: auszusprechen, daß der Ortsversammlungsbeschluß vom 15. Februar 1889 als rechtsgiltig und rechtswirksam anzuerkennen sei.

Die Antragsteller hätten in ihrer Eigenschaft als Ortsbürger und Gemeindenutzungsberechtigte gemäß Art. 20 Abs. 3 mit Art. 25 der Gem.-Ordn. ein Recht darauf, daß eine in rechtsgiltiger Weise beschlossene Gemeindegrundteilung anerkannt und in Vollzug gesetzt werde. Die Aufsichtsbehörde könne zwar aus Zweckmäßigkeitsrücksichten die Genehmigung versagen, und den Vollzug inhibieren; wenn sie dies aber aus rechtlichen Erwägungen thue, so betrete sie das Verwaltungsrechtsgebiet und unterliege daher ihr Ausspruch in dieser Richtung der Korrektur im verwaltungsrechtlichen Verfahren.

Der durch Regierungsentschließung vom 15. Mai 1889 bestätigte Aufsichtsbeschluß des K. Bezirkamtes N vom 30. April desselben Jahres beruhe in Ziff. II auf unrichtiger Gesetzesanwendung.

a) Die Gemeindeordnung fordere in Art. 20 nur so viel, daß sich für die beantragte Gemeindegrundteilung drei Vierteile der Gemeindebürger erklären, und daß die Zustimmenden zusammen mehr als die Hälfte der Grundsteuern entrichten, womit die sämtlichen Heimatberechtigten in der Gemeinde angelegt sind. Nirgends sei aber bestimmt, daß der Antrag auf Teilung vom Gemeinde- beziehungsweise Ortsausschuß ausgehen oder daß dieser zustimmen müsse.

Aus Art. 79 Abs. 2 der Gem.-Ordn. lasse sich nur das ableiten, daß jeder Gegenstand, welcher der Beschlußfassung der Gemeindeversammlung unterstellt wird, vom Gemeinderat beziehungsweise Ortsausschuß vorzuberaten sei und daß dieser der Gemeindeversammlung bestimmte Vorschläge zu machen habe. Die Gemeindeversammlung sei aber an diese Vorschläge nicht gebunden.

b) Karl Ulrichs habe das Ortsbürgerrecht von Brand nicht verloren; er sei nach wie vor in Gemeindeangelegenheiten stimmberechtigt, und aus Art. 18 der Gem.-Ordn. ergebe sich dessen Befugnis, sich hiebei durch einen Bevollmächtigten vertreten zu lassen. Aber selbst wenn man die Person des Ulrichs bezüglich der Ortsversammlung vom 15. Februar 1889 ganz außer Berechnung lassen wollte, würde die $^{3}/_{4}$-Mehrheit gleichwohl gegeben sein.

C. Der Gemeinderat von Forst erhob auf Grund eines von demselben mit Stimmenmehrheit gefaßten Beschlusses mittels schriftlicher, an das K. Bezirksamt N gerichteter Eingabe vom 8. Juni 1889 unter Berufung auf Art. 20 Abs. 5 und 6 der Gem.-Ordn. den Antrag auszusprechen, daß bei den beiden, am 15. Januar und 15. Februar 1889 beschlossenen Gemeindegrundteilungen, vorausgesetzt, daß dieselben überhaupt zum Vollzuge gelangen sollten, dem Volksschulfond in Forst ein von Grundzins frei zu belassender ganzer Anteil zuzuweisen sei. —

Mit Rücksicht auf den Umstand, daß die Ortschaft Brand zur Schule in Zorn eingeschult ist, sah sich das K. Bezirksamt N veranlaßt, dem Gemeinderat Zorn von dem Antrage des Gemeinderates Forst Kenntnis zu geben, worauf ersterer die Erklärung abgab, daß er die gemäß Art. 20 für den Volksschulfond auszuscheidenden Gemeindeteile für den Schulfond Zorn in Anspruch nehme.

5. Nunmehr setzte das K. Bezirksamt N zur Verhandlung der Sache Tagfahrt auf 15. September an und ließ hiezu Einladung ergehen

a) an die Antragsteller Johann Meier und Xaver Huber von Brand für sich und ihre Vollmachtgeber,

b) an die Hausbesitzer Melchior Reindl und Heinrich Zander zu Brand, dann Karl Ulrichs zu Würzburg, welche sich an der Antragstellung beteiligt hatten,

c) an die Gemeinderäte der Gemeinden Forst und Zorn,

Da ferner die vier Mitglieder des Ortsausschusses von Brand als Antragsteller und Parteigegner persönlich beteiligt erschienen, so forderte das K. Bezirksamt den Bürgermeister Reichart zu Forst auf, die Ortsgemeinde Brand bei der Verhandlung zu vertreten.

Am 15. September fanden sich beim K. Bezirksamte N ein:

1) Johann Meier und Xaver Huber von Brand,

2) Melchior Reindl und Heinrich Zander von Brand, dann für Karl Ulrichs — mit vorschriftsmäßiger Vollmacht versehen — der Gemeindebürger Georg Altmann von dort,

3) für die Gemeinderäte von Forst und Zorn — gleichfalls vorschriftsmäßig bevollmächtigt, der Adjunkt Heinrich Ernst von Forst, beziehungsweise der Bürgermeister Adam Kahl von Zorn,

4) Bürgermeister Franz Reichart von Forst.

Der K. Bezirksamtmann gab den Erschienenen zunächst den Inhalt der erwachsenen Akten, insbesondere die gestellten Anträge und deren Begründung bekannt und forderte dann dieselben zur Begründung ihrer Anträge und zur Abgabe etwaiger Gegenerklärungen auf.

A. Johann Meier wiederholte denn von ihm gestellten Antrag und dessen Begründung.

Bürgermeister Reichart bemerkte hierauf zunächst zur thatsächlichen Feststellung; Melchior Reindl, geboren im Jahre 1860, bisher beheimatet und wohnhaft in Bergzabern (Pfalz), habe gegen Ende des Jahres 1888 das Anwesen Hs.-Nr. 16 in Brand käuflich erworben und sich dort wohnlich niedergelassen, auch (nachgewiesenermaßen) am 6. Januar 1889 sowohl an den Gemeinderat zu Bergzabern als an denjenigen der Gemeinde Forst die Erklärung abgegeben, daß er auf die Heimat in der Gemeinde Bergzabern verzichte und diejenige in der Gemeinde Forst anspreche; ferner habe er gleichzeitig dem Gemeinderat von Forst seine Bereitwilligkeit zur Zahlung der etwa schuldigen Heimatgebühr ausgesprochen und um deren Bekanntgabe gebeten. Die nach dem in der Gemeinde Forst zu Recht bestehenden Heimatgebühren-Regulativ vom Jahre 1869 zu entrichtende Heimatgebühr habe Reindl, nachdem ihm am 18. Januar durch den Gemeinde-Einnehmer der bezügliche Gebührenzettel zugestellt worden, sofort am nämlichen Tage bezahlt.

Das Grundsteuersoll des Reindl innerhalb der Ortsmarkung betrage 25 ℳ.

Seine Beteiligung an der Ortsversammlung vom 15. Januar, — derselbe habe für die Teilung gestimmt — sei von keiner Seite beanstandet worden.

Hierauf gab Xaver Huber folgende Erklärung ab:

a) Im Allgemeinen mache ich gegen den gestellten Antrag, welcher sich als Beschwerde gegen den Ortsversammlungsbeschluß vom 15. Januar 1889 darstelle, das Bedenken geltend, daß diese Beschwerde innerhalb der in Art. 93 der Gem.-Ordn. bestimmten Frist hätte angebracht werden müssen, und daß jedenfalls durch die inzwischen erfolgte aufsichtliche Genehmigung eine weitere Anfechtung ausgeschlossen sei.

b) Melchior Reindl habe mit den von ihm an die Gemeinderäte von Bergzabern und Forst abgegebenen Erklärungen die Heimat und das Bürgerrecht in der Gemeinde Forst erworben. Insbesondere habe er, was die Heimatgebühr anlange, durch die Erklärung seiner Bereitwilligkeit zur Zahlung derselben dem Gesetze vollkommen genügt. Er sei daher berechtigt gewesen, bei der Ortsversammlung vom 15. Januar 1889 mitmitzustimmen.

Übrigens würde sich, wenn Reindl damals das Bürgerrecht nicht besessen hätte, auch die Ziffer der $^3/_4$-Mehrheit entsprechend verringern.

c) Eventuell würde sich der durch den Wegfall der Stimme des Reindl entstehende Ausfall an der Zahl der für die Teilung Stimmenden dadurch ausgleichen, daß anderseits auch die Zahl der gegen die Teilung abgegebenen Stimmen sich um eine Stimme mindere, weil Heinrich Zander, welcher an der Ortsversammlung vom 15. Januar teilgenommen, damals in Ermanglung der bayerischen Staatsangehörigkeit noch nicht stimmberechtigt gewesen sei.

Bürgermeister Reichart gab hiezu folgende Aufklärung: Heinrich Zander aus Crailsheim in Württemberg habe im November 1888 das Anwesen Hs.-Nr. 17 in Brand gekauft, habe darauf dort alsbald Wohnung genommen, das Bürgerrecht durch Beschluß des Gemeinderates von Forst verliehen erhalten und die Heimatgebühr entrichtet, — alles dies vor dem 15. Januar 1889. Um Verleihung der bayer. Staatsangehörigkeit habe er erst später nachgesucht; dieselbe sei ihm durch Aufnahmsurkunde der K. Regierung der Pfalz, Kammer des Innern, vom 10. Februar 1889 erteilt worden. Er — Bürgermeister Reichart — habe bei der Ortsversammlung vom 15. Januar den Gemeindeschreiber darüber zu Rate gezogen, ob Zander als Nichtbayer stimmberechtigt sei, und sei dahin beschieden worden, daß nach den Bestimmungen der Reichsverfassung alle Reichsangehörigeu hinsichtlich der Ausübung der bürgerlichen Rechte einander gleichgestellt seien. Demzufolge habe er — Bürgermeister Reichart — die Beteiligung des Zander an der Beratung und Abstimmung nicht beanstanden zu dürfen geglaubt. Derselbe sei auch in der Gesamtzahl der Ortsbürger (36) eingerechnet und habe gegen die Teilung gestimmt.

B. Xaver Huber erklärte, er habe zur Begründung

seines Antrages vorerst nur das Eine nachzutragen, daß der Beschluß des Ortsausschusses zu Brand vom 10. Februar 1889 überhaupt nicht als — wie das K. Bezirksamt angenommen habe — die Teilung ablehnend, sondern vielmehr als zustimmend anzusehen sei, nachdem von den anwesenden 3 Ausschußmitgliedern zwei für die Teilung und ein Mitglied gegen dieselbe gestimmt hätten.

Bürgermeister Reichart von Forst hätte, da er nicht Ortsbürger sei, überhaupt nicht, eventuell gemäß Art. 78 Abs. 3 der Gem.-Ordn. nur bei Stimmengleichheit abstimmen dürfen.

Von Johann Meier wurde dagegen ausgeführt: Der gestellte Antrag sei von vornherein rechtlich unmöglich und gesetzlich unzulässig.

Die Erteilung oder Versagung der aufsichtlichen Genehmigung sei Sache freien administrativen Ermessens; Niemand habe ein Recht auf Erteilung der Genehmigung. Gegen die Versagung derselben, gleichviel ob sie aus Zweckmäßigkeitsrücksichten, oder aus rechtlichen Erwägungen erfolgt sei, könne im Verwaltungsrechtswege nicht angekämpft werden.

Nachdem nun die Aufsichtsbehörden dem Beschlusse der Ortsgemeinde Brand vom 15. Februar ds. Js. die Genehmigung versagt hätten, sei dieser Beschluß vollständig hinfällig, so daß aus demselben keinerlei Rechte abgeleitet werden könnten. Der Antrag des Xaver Huber und Genossen müsse daher ohne weiteres, sei es als unbegründet, oder wegen Unzuständigkeit der Verwaltungsrechtsinstanzen abgewiesen werden.

Nur vorsorglich — bemerkte Joh. Meier — wolle er auf die Sache selbst weiter eingehen. Hiebei glaube er auf die zutreffende Begründung des bezirksamtlichen Beschlusses vom 30. April 1889 Bezug nehmen zu dürfen und nur noch bemerken zu sollen, daß Bürgermeister Reichart vollkommen befugt gewesen sei, bei den Beschlußfassungen des Ortsausschusses zu Brand vom 12. Januar und 10. Februar 1889, wie er dies gethan habe, mitzustimmen.

Xaver Huber erwiderte hierauf: Die Beschlüsse der Aufsichtsbehörden vom 30. April und 15. Mai 1889 enthielten, indem sie sich in den Entscheidungsgründen über rechtliche Fragen verbreiteten, thatsächlich zugleich eine Rechtsentscheidung, welche der Anfechtung im Verwaltungswege unterliege.

Joh. Meier bemerkte hiegegen, er könne nicht finden, daß die Aufsichtsbehörden über etwas Anderes als über die Erteilung oder Versagung der aufsichtlichen Genehmigung entschieden hätten oder hätten entscheiden wollen. Würde man aber gleichwohl annehmen, daß in ihren Beschlüssen eine verwaltungsrechtliche Entscheidung liege, so sei diese nachdem sie nicht durch Beschwerde zum K. Verwaltungsgerichtshofe angefochten worden sei, rechtskräftig geworden.

C. Der Adjunkt Ernst von Forst berief sich zur Begründung des vom dortigen Gemeinderat erhobenen Anspruches auf den Wortlaut des Art. 20 Abs. 5 mit Abs. 6 der Gem.-Ordn., wonach bei jeder Gemeindegrundteilung ein besonderer Anteil für den Volksschulfond „derjenigen Gemeinde, in welcher die Verteilung stattfindet", auszuscheiden sei.

Bürgermeister Kahl von Zorn dagegen machte geltend, daß als Schulfond der hier fraglichen Ortschaft Brand, nachdem diese eine eigene Schule und eigenen Schulfond nicht besitze, sondern der Schule in Zorn zugehöre, doch wohl nur der Schulfond von Zorn in Betracht kommen könne.

Bürgermeister Reichart von Forst bestätigte, daß die Ortschaft Brand nach Zorn eingeschult ist und mit der politischen Gemeinde Zorn einen Schulsprengel bildet, dann daß die Ortschaft Forst für sich allein eine Schule besitzt.

Im Übrigen glaubte Bürgermeister Reichart, sich in diesem Punkte, nachdem sich hier die Interessen der Ortschaft Forst und der Ortschaft Brand gegenüberständen, einer Äußerung enthalten und die Entscheidung der rechtlichen Beurteilung des K. Bezirksamtes anheimstellen zu sollen.

Nur die thatsächliche Bemerkung wolle er beifügen, daß man bei den beiden Ortsversammlungen vom 15. Januar und 15. Februar ds. Js. der Meinung gewesen sei, daß die Bestimmung des Art. 20 Abs. 5 hier überhaupt nicht Platz greife, weil die Ortschaft Brand weder eine eigene Schule, noch einen Schulfond besitze.

D. Melchior Reindl und Heinrich Zander erklärten, daß sie an dem ganzen Streite kein Interesse hätten und sich daher an demselben nicht beteiligen wollten, weil die Voraussetzungen des Art. 25 d. Gem.-Ord. bei ihnen nicht zuträfen und sie daher auf Teilnahme an den fraglichen Gemeindegrundteilungen keinen Anspruch hätten.

Dieser Erklärung schloß sich auch Georg Altmann Namens des Karl Ulrichs zu Würzburg an. —

Hiemit wurde die Verhandlung geschlossen.

Aufgabe: Der vom K. Bezirksamte N zu erlassende Beschluß ist zu entwerfen und zu begründen. Die Geschichtserzählung ist erlassen; als solche gilt die vorstehende Darstellung.

FSC
www.fsc.org
MIX
Papier | Fördert gute Waldnutzung
FSC® C083411

Kolibri 360 GmbH
Ferdinand-Jühlke-Straße 7
99095 Erfurt, Deutschland
produktsicherheit@kolibri360.de